十万个为什么·人文

SHENGHUOJIAOTONG

生活交通

▶ 牛立红◎编著

企业管理出版社
ENTERPRISE MANAGEMENT PUBLISHING HOUSE

图书在版编目（CIP）数据

生活交通 / 牛立红编著. —北京：企业管理出版社，2014.2

（十万个为什么. 人文）

ISBN 978－7－5164－0589－5

Ⅰ.①生… Ⅱ.①牛… Ⅲ.①生活－知识－青年读物②生活－知识－少年读物③交通－青年读物④交通－少年读物 Ⅳ.①TS976. 3－49②U－49

中国版本图书馆 CIP 数据核字（2013）第 273715 号

书　　名：	生活交通
作　　者：	牛立红
选题策划：	申先菊
责任编辑：	申先菊
书　　号：	ISBN 978－7－5164－0589－5
出版发行：	企业管理出版社
地　　址：	北京市海淀区紫竹院南路 17 号　　邮编：100048
网　　址：	http：//www. emph. com
电　　话：	总编室（010）68701719　　发行部（010）68701073
	编辑部（010）68456991
电子信箱：	emph003@ sina. cn
印　　刷：	三河市兴国印务有限公司
经　　销：	新华书店
规　　格：	160 毫米×230 毫米　16 开本　13 印张　140 千字
版　　次：	2014 年 4 月第 1 版　2014 年 4 月第 1 次印刷
定　　价：	30.00 元

前　言

　　本书以简明易懂的语言，介绍了生活交通知识，为广大青少年构建起一座有关我们日常生活交通知识的宝库，在一定程度上满足了广大青少年的求知欲和好奇心。

　　本书由两部分构成：生活篇和交通篇。

　　在生活篇，介绍了关于生活的知识，如生活都有哪些分类？我们生活在这个世界上应该追求什么？关于生活都有哪些名人名言？我们为了什么而生活呢？你知道这些生活常识吗？铅笔为什么不是用铅做的？饺子是怎么传承到今天的？爆米花是怎么做的？为什么镜子里的人像是左右颠倒的而没有上下颠倒？为什么做好的面包会有很多小孔？为什么喝白开水比喝可乐强？为什么吸管能把我们喝的东西吸出来？等等。

　　在交通篇，介绍了关于交通的知识，如交通是什么？我们能够利用的交通工具有哪些？你知道这些交通安全知识吗？一年四季我们应该注意哪些交通安全？学生们应该知道的交通安全须知"二十不"是什么？为什么公路上要设置交通信号灯？道路交通标志有什么作用？交通信号灯是怎么发展到现在的红绿灯的？为什么人行横道又叫斑马线？你见过这些有特色的斑马线吗？为什么要设置减速带？为什么中国的车要靠右行驶？等等。

本书语言通俗易懂，叙述生动有趣，介绍的科学知识准确翔实，会让青少年喜欢阅读，并且对生活交通知识产生浓厚兴趣。相信本书能够帮助青少年增长知识，开阔视野，帮助青少年打开一扇了解生活交通的窗口，成为孩子们了解生活交通知识的最佳读物。

目　录

生活篇

交通篇

生活篇

生活都有哪些分类？

　　"生活狭义上是指人于生存期间为了维生和繁衍所必需从事的不可或缺的生计活动，它的基本内容即为衣、食、住、行。广义上指人的各种活动，包括日常生活行动、工作、休闲、社交等职业生活、个人生活、家庭生活和社会生活。"生活大体上可划分为三类，即"社会生活"、"职业生活"、"家庭生活"（除此之外，还有"精神生活"与"物质生活"两大分类法）。

　　一、社会生活

　　日常生活（即食衣住行生活）、都市生活、乡村生活、妇女生活、政治生活、文化生活、艺术生活、宗教生活、民俗生活等。

　　二、职业生活

　　工人生活、农民生活、士兵生活、教师生活、护士生活、边防生活、失业生活、乞丐生活、监狱生活、流浪生活、贫民生活、难民生活等。

三、家庭生活

休闲生活、个人生活、独身生活、老年生活、双亲生活、夫妻生活、性生活、单亲生活、同居生活等。

我们生活在这个世界上
应该追求什么？

生活包括物质生活和精神生活。前面基本上都是物质生活，而精神生活则是人们在物质生活得到基本保障后，追求的一种精神寄托。比如听音乐可以陶冶人的情操，让人心情愉快，这就是精神上的追求。著名诗人臧克家于鲁迅诞辰 100 周年纪念会所写的《有的人》：

"有的人活着，他已经死了，有的人死了，他还活着。"

精神生活源于物质生活，物质生活依赖着精神生活。人的生活就是有目的有计划的活着。

生活是什么？一些创造者说：生活就是不断地创新。他们每天都在尝试着新的试验，设计着新的样式，写着一篇篇文章，计算着……他们都在知识的大海翱游，使知识不断升级，不断更新。对他们来说，这就是生活。生活是什么？一些体力劳动者说：

生活就是做平凡的事。在马路旁、大桥上、大厦中，有多少清洁工在为人民打扫。在某个建筑区内，有多少工人在为人们砌房子。他们辛勤劳动，为人们创造舒适的生活环境。对他们来说，这就是生活。生活是什么？一些老年人说：生活就是安享晚年。现在的公园中，清晨或傍晚时，总会有很多老年人在锻炼身体，处处可以看见他们在闲逛，每天过着平静的日子。对他们来说，这就是生活。生活是什么？答案简直太多了，又有人说，它是战胜挫折的过程，还有人说，它是一种对人的淘汰赛，还有人说……无论生活是什么，只要我们乐观地看它，使其有意义，就是完美的。

生灵生活在自然界，生存的首要条件：时空——时光和空间。必要条件：

第一，空气。

第二，雨水。

第三，禾物。

第四，精神。

第五，元气。

第六，灵华。

　　时间和宇宙空间一样，浩瀚的宇宙星空无边无际，追溯过去的时光也是无限的。自古至今，是一个"宇界"，也就是说，沧海桑田，天翻地覆为一个宇界，生活时间的历史长河是无止尽的、无穷的界。"宙"而复始，它是客观存在的自然规律。（人和猿、猴、天鹫、凤凰、龙、麒麟、龟、丹雀、狮、虎等飞禽走兽，所有的生灵，都是各自存在的独立生命物种，并非想象的那样，人是类人猿进化而来的。现在的人和动植物，都是上一个宇界天翻地覆时，从得以生存的缝隙里苟且存活下来的，）各自的生命物种随时光不断进化，不停地随时间风化。地球经过无数宇界缓慢地增多财富，财富——物质财富和精神财富。物质财富来自宇宙的自然变化，地球是太阳系里的一员，地球的财富主要来自太阳，地球上的绿色植物在阳光的照耀下，通过光合作用，微妙地慢慢地生产物质财富。精神财富，日复一日的日月精华的照耀，大自然的生灵，特别是人类，越来越精灵。风雨、青山、碧水、蓝天、绿地也越来越灵秀。

　　大自然的所有物体都有它的生命，只不过有的活动的明显，有的不明显。各有不同的活法。人为地界定了死活界限，使我们不能意识到的，它们也照常活着。人的身体赋予了精神灵气，能用语言文字交流，从事各种生活生产劳动，而且，现代统领了地球。其他动物用各种声音或动作灵感传递信息，也能预知基本的天时，从事各种活动。植物赋予了生命活力，开拓着自己的"绿色一元"，生生不息。地球本身就是大生命体。它的生命就是所有自然生灵精神的元气魂魄。生命本无死活界限。死活只不过是对事物初步认识的错觉，物质活动体随着时光的风化失去了元气存在的条件，物体像叶落归根熔炉了母体。元气本身就是阳光月亮的精华，自然的灵气。是肉眼看不到的。水灵入土为零，也看不到。她们在自然宇宙永生永存。

人是宇宙大自然生灵的一元，人的生活——物质生活和精神生活。物质生活是第一性的，精神生活是第二性的。任何事物都不是绝对的，精神生活又是物质生活的母本，精神生活和物质生活相互左右着。物质生活是生命生存生活活动的根本，人类物质生活和大自然一样，决定条件是时间、阳光和地球，存活的首要必需条件是氧气，第二是水，第三是食物。精神生活是生命从事生活活动的灵魂，它是生命生存活动中的中枢。人的精神生活的决定条件是阳光月亮的精华，大自然的灵气。首要条件是精神元气，第二是理想，信念。第三是愉乐，文化，感性。

物质生活，人类跟其他动物、植物，甚至看不到的神圣物一样，为了最起码的生存，从事着所必需的呼吸吃喝，享受着地球上的物质财富，地球像母亲一样，以博大的胸怀，哺乳着她怀里的所有生灵。人类以独有的超级智慧和高级能力，成了所有生命活动群体的主宰。自远古人类的各种活动就不是单一的物理运动，逐渐掌握了化学反应。随着人类对物质的极端索求，特别是 20 世纪 80 年代后，"工业"革命的膨胀，毁坏着地球正常运转的天体，权威性的迷信与所谓的伪科学，无止境地肆虐毁坏着仅能创造地球物质财富的绿色植物，蹂躏着地球母亲的躯体，盲目掠夺开采地球的波石油、地下水。对宇宙毁灭性地制造空间垃圾。就中国而言，我们的祖国就是活生生的生命体，她哺乳着中华儿女，她的头颅是喜马拉

雅山、珠穆朗玛峰，她的身躯就是大地，她的动脉是长江，她的静脉是黄河。她的生命线是绿色的海洋——草木的。

随着历史的兴衰繁荣，人类的繁衍，人类的自私自利，特别是对资产的霸占，对动植物的欺凌索求甚至毁坏消灭，人们逐渐失去以及灭绝着相互依存的动物植物。海里的有毒污水，天上弥漫的乌烟瘴气。我们眼睁睁地看着鱼儿死去，树木枯竭，翱翔的鸟儿夭折。这些年，我们所谓的"发展"，却走向了极端。还好，现在大自然还能包容。一旦继续恶化，青藏高原冰雪融化，黄河、澜沧江、通天河、雅鲁藏布江、雅砻江、长江源泉干枯。甚至天空下起酸雨、有毒雨，空中弥漫菌流以及无氧气体。天崩地裂，任何生命都无法生存。

精神生活，纵观历史上人们精神生活的信念。儒家，孔丘倡导了道德善良的崇高精神。佛学，古印度迦毗卫王国释迦牟尼主张众生平等。道家，老子李耳阐述了自然哲理。犹太耶稣为了广大的人民自由，宣传救世主张，被贵族活活地钉死在了十字架上。马列主义毛泽东思想，指明了人们会过上理想的共产主义社会。人人过着幸福美好的生活是历史的必然，人们精神生活挚德光明。人民一起奉还大自然对我们的博大真诚的爱，保护大自然，服务大自然。创造像空气一样生灵共有的绿色健康财富，一定会实现美好生活。

关于生活都有哪些名人名言？

人生应该如蜡烛一样，从顶燃到底，一直都是光明的。

——萧楚女

人需要真理，就像瞎子需要明快的引路人一样。

——高尔基

善于利用零星时间的人，才会做出更大的成绩来。

——华罗庚

生活便是寻求新的知识。

——门捷列夫

生活得最有意义的人，并不就是年岁活得最大的人，而是对生活最有感受的人。

——卢梭

生活的理想，就是为了理想的生活。

——张闻天

生活的情况越艰难，我越感到自己更坚强，甚而也更聪明。

——高尔基

生活的全部意义在于无穷地探索尚未知道的东西，在于不断地增加更多的知识。

——佐拉

生活最沉重的负担不是工作，而是无聊。

——罗曼·罗兰

生活就像海洋，只有意志坚强的人，才能到达彼岸。

——马克思

生命的意义在于付出，在于给予，而不是在于接受，也不是在于争取。

——巴金

人只有献身社会，才能找出那实际上是短暂而有风险的生命的意义。

——爱因斯坦

今天应做的事没有做，明天再早也是耽误了。

——裴斯泰洛齐

我们为了什么而生活呢？

其实，人活着并不是完全为自己。父母辛苦工作为了我们，我们如果能换个角度考虑问题，不要将满足自己的欲望放在第一位，珍惜、享受被爱与爱人的快乐。这才是最重要的。而且，人生在世短短匆匆，哭也是过，笑也是过，为何不将自己的光和热散发给爱你的人和你爱的人呢。或许，你就不会那么烦恼了。为了我们的理想也为了爱我们的人一起奋斗吧。

生活哲理——

生活就是让我们在饱受打击之后，仍满怀期待和热情过活陌生的下一秒，谁也无法预料得到，只有去实现一个又一个的目标，虽然经常令我们感到沮丧与无奈，但我们必须去面对。

生活对于每一个人而言都是公平的，它不是随风飘移的雨影，也不是一触即破的泡沫。只要我们用一颗平常心去看待得与失，用心感悟，仔细发觉，你就会发现生活，原来就在你的身边……

生活的态度——

每个人都有自己的思维逻辑和生活方式，我们不要凭别人的经验来建筑自己的生活。不要把别人的成功转变为自己的生活压力。生活就是生活，保持健康的生命，并快乐的活着——这才是生命的意义。记住莫泊桑的那句话，生活不可能像你想的那么好，但也不会像想的那么糟。因此，我们要好好地活着，对得起天地，对得起社会，对得起父母，对得起自己。

你知道这些生活常识吗？

1. 在衣领和袖口处均匀地涂上一些牙膏，用毛刷轻轻刷洗，再用清水漂净，即可除去污渍。

2. 只要在新房间内放一碗醋，两三天后，新房的油漆味就会很快消失。

3. 毛衣袖口或领口失去了弹性，可将袖口或衣领在热水中浸泡20分钟，晾干后即可恢复弹性。

4. 把生黑斑的铝制品泡在醋水混合液中，10分钟后取出清洗，便会光洁如新。

5. 将新买的牛仔裤放入浓盐水中浸泡12小时，再用清水洗净，以后再洗涤时就不易褪色。

6. 选购羽绒服时，可将羽绒服放在桌子上，用手拍打，蓬松度越高说明绒质越好，含绒量也越多。

7. 金首饰表面发旧，用鹿皮（或其他柔软的皮）蘸少许牙膏轻轻擦拭，既可光亮如新。

8. 要去除烤炉内的污物，请在炉子还温热的时候把盐撒在上面，冷却后，再用湿海绵擦拭即可。

9. 室内植物，例如菊花、常春藤、吊兰，是天然的空气清新剂。

10. 用 45 毫升白醋和 4 升冷水的溶液擦试，就可使窗户玻璃洁净透明。

11. 切洋葱等蔬菜时，可将其去皮放入冰箱冷冻室存放数小时后再切，就不会刺眼流泪了。

12. 车船行驶途中，将鲜姜片随时放在鼻孔下面闻，使辛辣味吸入鼻中，可以防晕车。

13. 家用电器的缝隙里常常会积藏很多灰尘，可用废旧的毛笔用来清除，非常方便。

14. 将晒干的残茶叶，在卫生间燃烧熏烟，能除去污秽处的恶臭。

15. 在墨汁中加少量肥皂水（或茶水），搅拌均匀，用这样的墨汁写出的字迹可保持色迹不变。

16. CD 片不小心刮伤，只要用油性笔涂在刮痕上即可，不论什么颜色的油性笔都可以。

17. 价钱卷标很难撕掉，可用吹风机吹热一下再撕，会很轻松地撕下来，不留一点痕迹。

18. 新鲜蛋用灯光照，空头很小，蛋内完全透亮，呈橘红色，蛋内无黑点，无红影。

19. 洗完脸后，用手指沾些细盐在鼻头两侧轻轻摩擦，用清水冲净，黑头粉刺就会清除干净。

20. 新做好的头发只要睡前在枕头上铺一条质地光滑的丝巾，就可以防止头发变形。

21. 在 1 斤面粉里掺入 6 个蛋清，包的饺子起锅后收水快，不易粘连。

22. 将残茶叶浸入水中数天后，浇在植物根部，可促进植物生长。

23. 炖肉时用陈皮，香味浓郁；吃牛羊肉加白芷，可除膻增鲜；自制香肠用肉桂，味道鲜美。

24. 豆浆不可与药物同饮，会破坏豆浆的营养成分，如四环素等抗生类药物等。

25. 煎荷包蛋时，在蛋的周围滴几滴热水，煎好的蛋特别鲜美。

26. 取新鲜桔子皮若干，分散放入冰箱内，三天后打开冰箱，清香扑鼻，异味全无。

27. 萝卜与羊肉同煮，在锅中放几粒绿豆，可除去腥膻味。

28. 上午喝绿茶开胃、醒神，下午泡饮枸杞可以改善体质，有利安眠。

29. 将鱼洗净放入淘米水中浸泡两小时，经这样处理的鱼烧出来味道鲜嫩可口。

30. 吃荤之后不要立即喝茶，茶叶中含有大量鞣酸蛋白质，这种蛋白质能引起脂肪肝。

31. 凡红色或紫色的棉织物，若用醋配以清水洗涤，可使其光泽如新。

32. 早晚空腹吃个苹果，有利于治疗中老年人便秘。

33. 厨房的地板屯积油垢后，拖地前，在拖把上倒入一些醋就能轻松去除油污。

34. 烤肉食用前，记得滴上新鲜柠檬汁，除了增添风味外，柠檬中的维生素 C 有解毒作用。

35. 瓶中插的鲜花清洗时，不妨在清水中加几滴白醋或漂白水，即可保持花朵鲜艳如初。

36. 当衣裤的拉链卡住或不易拉动时，先涂上蜡，再以干布擦拭，就能轻松拉动。

37. 新购的有色花布，第一次下水时，加盐浸泡十五分钟后再取出冲洗，可防止布料褪色。

38. 牛奶过期不能喝时，可将抹布浸湿，用来擦桌子地板，很快就可以将污垢除去。

39. 若将铝制锅烧焦，可在锅中放个洋葱和少许水加以煮沸，不久所有的烧焦物都会浮起来。

40. 小镜或橱镜等有了污垢，可用软布浸湿煤油或蘸蜡擦拭。

41. 照片旧了或脏了，用棉花蘸点酒精擦拭，擦后如新的一样。

42. 用纸巾蘸少许花露水，擦拭电话机身、听筒及按键或手机，能使电话、手机保持洁净。

43. 煮老牛肉时，可在牛肉大块上涂抹一层芥末粉，次日煮前洗净，肉烂且嫩。

44. 可用半干的肥皂擦镜片两面，然后抹匀拭亮。用此法，眼镜片遇热不容易发雾气。

45. 用蒸汽熨斗在凹处喷一些蒸汽，然后用熨斗烫；用硬毛的牙刷挑起凹处的毛，再轻轻刷顺，即可去除地毯上的家具置痕。

46. 利用铝箔纸，将两三张叠在一起，用剪刀剪一剪，就可以

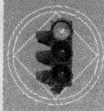

使剪刀恢复锐利。

47. 以棉花棒沾酒精，可以清除收音机、录音机磁头上的灰尘还能使音质复原。

48. 可以在烟灰缸内撒一点盐，再以软木塞或抹布擦拭，即可去除污垢。

49. 裙襟、裤脚折痕先以旧牙刷蘸一点醋在折痕上，然后以低温烫，就几乎看不出来了。

50. 可将新丝袜放进冷冻库中，冻硬直接取出自然解冻后，穿上时就不会脱线了。

51. 棉质的黑色衣服褪色时，可在水中加一点啤酒冲洗就可防止褪色。

52. 在洗白色丝衬衫之前，先涂上牛奶，即可防止变黄。

53. 将衣物柔软剂以十倍水稀释，再用纸巾或软布沾取轻拭 CD 音响表面，可以轻松去除灰尘。

54. 可将有裂痕的盘子放进锅里，倒入牛奶，加热 4~5 分钟，取出盘子后裂痕几乎消失不见。

55. 将饼干装罐时同时放进一块方糖。方糖会吸收罐中的湿气，可保持饼干的香脆可口。

56. 鸡蛋加入少许温水搅拌倒入油锅炒，炒时往锅里滴少许酒，这样炒出的鸡蛋蓬松鲜嫩。

57. 新买的砂锅首次使用，最好用来熬粥或煮浓淘米水，以堵塞砂锅的微细孔隙，防止渗水。

58. 煮饭不宜用生水。若用开水煮饭，维生素 B1 可免受损失。

59. 生日蜡烛先放到冰箱冷冻室里冷冻 24 小时，再插到蛋糕上，点燃后烛油就不会流下弄脏蛋糕。

60. 正版手机机身号码，外包装号码，从手机上调出的号码三号应该是一致的。

61. 煮面时在水面加一汤匙油，面条就不会沾了，还能防止面汤起泡沫溢出锅外。

62. 将牛肉涂上芥末，洗净后加少许醋或用纱布包一点茶叶与牛肉同煮，可使牛肉易熟。

63. 毛衣洗涤时水温不要超过 30℃，用中性洗涤剂，最后一遍水加少许醋，能防止毛衣缩水。

64. 把装有热水的杯子放入冷水中浸泡，然后在冷水中撒上一把盐，这样能加速开水的冷却。

65. 烹调蔬菜时，加点菱粉类淀粉，可使汤变得浓稠，而且对维生素有保护作用。

66. 在风扇扇叶上滴上几滴风油精，随着风叶的不停转动，可使满室清香，而且可以驱蚊。

67. 煮鸡蛋时，可先将鸡蛋放入冷水中浸泡，再放入热水里煮，这样煮好的鸡蛋壳易于剥掉。

68. 用葡萄汁代替白开水送服降压药，能使血压降得平稳，且不会出现血压忽高忽低的现象。

69. 新砧板在上下两面及周边涂上食用油，油干后再涂三四遍，这样处理的砧板经久耐用。

70. 做汤时如果味道咸了，可把土豆切成两半放入汤里煮几分

钟，这样汤就能由咸变淡。

71. 煮肉时想使汤味鲜美，可把肉放入冷水中慢慢地煮；想使肉味鲜美，可把肉放在热水里煮。

72. 涂指甲油之前，先用棉花蘸醋把指甲擦干净，等醋干后再涂指甲油，指甲油就不易脱落。

73. 用丝线可将松花蛋割开，既均匀又不粘蛋黄；将刀在热水中烫了再切，也切的整齐漂亮。

74. 吃过大蒜后，喝杯牛奶，可消除大蒜遗留在口中的异味。

75. 蜂蜜对致病病菌有较强的杀菌能力，经常食用蜂蜜能预防龋齿的发生。

76. 日光灯管使用数月后颠倒一下其两端接触极，寿命就可延长一倍，也可提高照明度。

77. 香菜富含的香精油极易挥发，经不起长时间加热，香菜最好在食用前加入，以保留其香气。

78. 偏头痛时可把双手浸入热水中，水量以浸过手腕为宜，半小时后，痛感即可减轻。

79. 皮肤小面积擦伤可在伤口处涂些牙膏，可以止痛、止血，还可防止伤口化脓。

80. 煮排骨时放点醋，可使排骨中的钙、磷、铁等矿物质溶解出来，利于吸收。

81. 塑料瓶盖太紧而打不开，将它放入冰箱中冷冻一会儿，就能很容易拧开。

82. 将各种花瓣晒干后混合置于一匣中，放在起居室或餐厅，就能使满室飘香。

83. 兔毛衫掉毛可把它装进塑料袋中放入冰箱内冷藏 3 ~ 4 天，就可以防止它掉毛。

84. 衣物爱沾絮状物，用浸水后拧干的海绵来擦拭衣物表面，可轻松除去其表面的杂物。

85. 只要在切好的苦瓜上撒上盐，腌渍一会儿并用水过滤，很快苦瓜就会不太苦。

86. 饮水机用久了，取新鲜柠檬切半去籽，放进饮水机内煮二三个小时，可去除白渣。

87. 煮红豆或绿豆先浸水 1 小时再小火煮十分钟，然后熄火焖半小时再煮，可保持汤汁香浓。

88. 触摸塑料袋手感发黏则有毒，手感润滑则无毒；用力抖动声音闷涩有毒，清脆的则无毒。

89. 圆珠笔的污点，将少量的醋倒在衣服的笔迹上，上下来回搓揉，就可以轻易地将痕迹去除。

90. 装在杯中的果汁放在托盘上运送，只要在杯中插入一支汤匙，果汁就不会溢出了。

91. 要想保持茶叶中的营养、味道和香气，沏茶的水温最好在 70℃ 至 80℃ 之间为宜。

92. 空调冷凝水的 pH 值为中性，十分适合养花、养鱼，用于盆景养殖还不易出碱。

93. 将大蒜掰为小瓣后放入热水中浸泡数分钟，然后捞出，其皮便可很容易剥。

94. 叶类蔬菜先用盐水（一盆水中放半小匙盐即可）浸泡，小虫子就会很快和菜叶分开。

95. 刚漆好的家具，用软布蘸淘米水反复擦拭漆器，再用清水擦净，能除油漆味。

96. 表内进水，可用硅胶的颗粒状物与手表放进密闭的容器内，数小时后取出，积水即可消失。

97. 饮酒过量已有醉意者，可服 50% 食醋水 100～200 毫升，解酒毒、养肝肾。

98. 失眠时可将一汤匙食醋倒入冷开水中，搅匀喝下；如果加入等量的蜂蜜，则效果更佳。

99. 做菜时不小心醋放得多了，可往菜中再加点酒，可使原有醋的酸味减轻。

100. 红糖结成硬块，将其放在湿度较高的地方，盖上两三层拧过的湿布，吸收水分就可散开。

铅笔为什么不是用铅做的？

现在的铅笔并不含铅，而是用石墨和黏土制造的，之所以这样命名是由于其历史沿革造成的。古希腊、罗马曾用金属铅制成类似铅笔的铅棒。它们多为锥形，与其他物体摩擦后留下铅的痕迹，用

来画线作标记。14 世纪，欧洲出现类似现在的铅笔。

1564 年，在英格兰的一个叫巴罗代尔的地方，人们发现了一种黑色的矿物——石墨。由于石墨能像铅一样在纸上留下痕迹，而且痕迹比铅的痕迹要黑得多，因此，人们称之为"黑铅"。那时巴罗代尔一带的牧羊人常用石墨在羊身上画记号。受此启发，人们又将石墨块切成小条，用于写字绘画。不久，英王乔治二世索性将巴罗代尔石墨矿收为皇室所有，把它定为皇家的专利品。用石墨条写字既容易弄脏手，又容易折断。1761 年，德国化学家法伯首先解决了这个问题。他用水冲洗石墨，使石墨变成石墨粉，然后同硫黄、锑、松香混合，再将这种混合物制成条，这比纯石墨条的韧性大得多，也不大容易弄脏手。这就是最早的铅笔。直到 18 世纪末，世界上还只有英、德两国能够生产这种铅笔。随后，拿破仑发动了对邻国的战争后，英、德两国切断了对法国的铅笔供应，因此，拿破

仑下令法国的化学家孔德在自己的国土上找到石墨矿，然后造出铅笔。但法国的石墨矿质量差，且储量少，孔德便在石墨中掺入黏土，放入窑里烧烤，制成了当时世界上既好又耐用的铅笔芯。在石墨中掺入的黏土比例不同，生产出的铅笔芯的硬度也就不同，颜色深浅也不同。这就是今天我们看到铅笔上标有的 H（硬性铅笔）、B（软性铅笔）、HB（软硬适中的铅笔）的由来。

给铅笔套上木杆外套的任务是美国的工匠门罗来完成的。他先造出了一种能切出木条的机械，然后在木条上刻上细槽，将铅笔芯放入槽内，再将两条木条对好、粘合，笔芯被紧紧地嵌在中间，这就是我们今天使用的铅笔。

饺子是怎么传承到今天的？

据三国魏人张揖著的《广雅》记载，那时已有形如月牙称为"馄饨"的食品，和现在的饺子形状基本类似。到南北朝时，馄饨"形如偃月，天下通食"。据推测，那时的饺子煮熟以后，不是捞出来单独吃，而是和汤一起盛在碗里混着吃，所以当时的人把饺子叫"馄饨"。这种吃法在我国的一些地区仍然流行，如河南、陕西等地的人吃饺子，要在汤里放些香菜、葱花、虾皮、韭菜等小料。在北方，饺子和馄饨则是两码事。

大约到了唐代，饺子已经变得和现在的饺子一模一样，而且是捞出来放在盘子里单独吃。

宋代称饺子为"角儿"，它是后世"饺子"一词的词源。这种写法，在其后的元、明、清及民国间仍可见到。

元朝称饺子为"扁食"。明朝万历年间沈榜的《宛署杂记》记载："元旦拜年……作匾食"。刘若愚的《酌中志》载："初一日正旦节……吃水果点心，即匾食也。"元明朝"匾食"的"匾"，如今已通作"扁"。"扁食"一名，可能出自蒙古语。

清朝时，出现了诸如"饺儿"、"水点心"、"煮饽饽"等有关饺子的新的称谓。饺子名称的增多，说明其流传的地域在不断扩大。民间春节吃饺子的习俗，在明清时已相当盛行。饺子一般要在大年三十晚上 12 点以前包好，待到半夜子时吃，这时正是农历正月初一的伊始，吃饺子取"更岁交子"之意，"子"为"子时"，交与"饺"谐音，有"喜庆团圆"和"吉祥如意"的意思。过年吃饺子有很多传说，一说是为了纪念盘古开天辟地，结束了混沌状态；二是取其与"浑囤"的谐音，意为"粮食满囤"。另外，民间还流传吃饺子的民俗语与女娲造人有关。传说女娲抟土造成人时，由于天寒地冻，黄土人的耳朵很容易冻掉，为了使耳朵能固定不掉，女娲在人的耳朵上扎一个小眼，用细线把耳朵拴住，线的另一端放在黄土人的嘴里咬着，这样才算把耳朵做好。老百姓为了纪念女娲的功绩，就包起饺子来，用面捏成人耳朵的形状，内包有馅（线），用嘴咬着吃。

可见饺子是一种历史悠久的民间吃食，民间有"好吃不过饺

子"的俗语。逢年过节，饺子更成为一种应时不可缺少的佳肴。英语里面的饺子用"DUMPLING"表示，读起来很像是"打包拎"，听起来很形象。

爆米花是怎么做的？

爆米花发明于宋代，范成大在《吴郡志·风俗》中记载："上元……爆糯谷于釜中，名字娄，亦曰米花。每人自爆，以卜一年之休咎。"在新春来临之际，宋人用爆米花来卜知一年的吉凶，姑娘们则以此卜问自己的终身大事。宋人把饮食加入文化使之有了更丰富的内涵。

早期的爆米花在加工时，是将玉米置于特殊容器中加热，使玉米处在高温高压的状态下，锅内的温度不断升高，且锅内气体的压强也不断增大。当温度升高到一定程度，米粒便会逐渐变软，米粒内的大部分水分变成水蒸气。由于温度较高，水蒸气的压强是很大的，可使已变软的米粒膨胀。但此时米粒内外的压强是平衡的，所以米粒不会在锅内爆开。

然后"砰"的一声巨响，机器盖子被打开，玉米被突然释放在常温常压下，锅内的气体迅速膨胀，压强很快减小，使得玉米粒内外压强差变大，导致玉米粒内高压水蒸气也急剧膨胀，瞬时爆开玉

米粒，即成了爆米花，同时玉米内部的结构和性质就会发生变化。

　　而现在的爆米花大多是由爆炸玉米经过简单加热爆出来的，加工容器早已不是早期的"转炉"了，因此也避免了铅带来的危害。

　　爆米花松脆易消化，可作为日常的可口零食。爆米花的发明更折射出中国饮食的丰富多彩，它有更深的含义，就是开创了一种食物的加工方式——膨化食品。说明中国古代的食品加工，不仅仅是食品简单地加热作熟，而是通过物理的高温高压作用原理来改变食物的状态口感，这种加工方式就是现代新兴的膨化食品。这种加工方式使普通不合口的食品变为可口的有特色的食品小吃，可以说千百年前的爆米花是近现代各种五花八门膨化食品的祖先。

为什么镜子里的人像是左右颠倒的？

　　说到镜子，我们每个人真是再熟悉不过了，每天多少都要照几回镜子的，生活中还真离不开它。

　　然而，小小的镜子里竟隐藏着一个千古之谜，你恐怕还不知道吧？准确地说，我们几乎从来没有考虑过这个问题。

　　我们在照镜子时会发现镜子里的你和你是左右颠倒的，即你的左手在镜子里是你的右手。这里就有问题了，为什么镜像只是左右颠倒而不是上下颠倒呢？我们的头和脚为何没有发生颠倒？这个问题早在公元前360年大哲学家柏拉图就开始了研究。直到现在还有很多获得诺贝尔奖的大师在研究，绞尽脑汁，可惜仍然没找到满意的答案。日本有位科学家也通过心理学进行了深入研究。他认为镜像的难题在于镜像发生了翻转，镜子里的人好像是我们从旁边进去转了180度，他认为是人的眼睛在形成视觉时错误地传导给了大脑。奇怪的是，汽车的后视镜并没有出现左右颠倒的事情，里面的镜像，左是左，右还是右。一本科学杂志最后感叹，镜子充满着神秘，是我们通向另一个世界的入口。

　　镜子成像真就这么难吗？其成像原理我们早在初中物理课上就已经学过，问题的出现在于镜像给人设置了一个目障，是镜子里的人和你开了个玩笑而已。如果你不把镜子里的人看成一个你转了180度的人的话,这个问题就应刃而解了。这还需要你深刻理解镜子的成像原理,并及时做个脑筋急转弯。镜子里的像并没有左右颠倒,更不会出现上下颠倒,它只是如实地反映了它面前的那个物体而已。

为什么做好的面包会有很多小孔?

面包香松可口,是很多人都爱的食物。在品尝松软面包的同时,你会发现面包里布满了细密的小孔,难怪它会像海绵那样富有弹性和柔性?那么,面包里的这些小孔是怎样产生的呢?这就得从面包的制作讲起了。

做面包的主要原料是面粉。在将面粉揉成面团时,面包师要加入一定量的酵母。酵母是一类有益的细菌,在一定条件下它们能大量繁殖。当酵母菌揉入湿的面团中后,它就开始繁殖。酵母体能分泌出各种酶,将淀粉分解成糊精,再进一步分解为麦芽糖、葡萄糖等,最后产生大量的二氧化碳气体。二氧化碳气体分布在面团的面筋网里,使面筋变成如海面状多孔的疏松体。再经过揉面和烤制,面团里二氧化碳受热膨胀,使制的面包获得了疏松多孔的品质。

用于食品中的酵母通常有液体酵母、新鲜压榨酵母、活性干酵

母三种。液体酵母发酵力强，但不宜保存；活性干酵母虽易保存，但发酵力不强；而新鲜压榨酵母（简称鲜酵母）既有较强的发酵力，又能在冰箱中保存，所以被较多的人选用。鲜酵母是一种含有酵母菌体的奶黄色软固体，其化学成分主要是水、蛋白质、脂肪、糖及少量维生素等。生产鲜酵母的工厂是将一定种类的酵母培养于营养液内，通入无菌空气使酵母菌大量繁殖，然后经过高速离心机分离出酵母浆，再用压滤机除去残液并压成块状，即成了鲜酵母。

作为疏松剂的鲜酵母其实不仅仅用于面包，平时家中做各种馒头糕点时，也可以选用鲜酵母作疏松剂。用酵母发酵制作面包不仅口味好，而且营养成分也有所增加。但是含油脂和糖较多的面团，用酵母发酵往往达不到疏松的要求，因为油脂和糖岁酵母菌繁殖有抑制作用。另外，用酵母发酵面团，需要一定的时间。为此，家庭制作面包、馒头时，也常用化学发酵粉。化学发酵粉呈白色粉状，是几种化学药品混合物，它的种类繁多，常见的是碳酸氢纳（小苏打）、酒石酸、酒石酸氢钾及磷酸氢钙等混合物。化学发酵粉揉入面团后，一旦受热就会发生化学反应而产生大量二氧化碳气体，使食品成为多孔的疏松体。

现在你已知道面包中会有许多小孔的原因了吧！原来这些小孔都是二氧化碳气体居住的小屋。

为什么喝白开水比喝可乐强？

时下，各种各样的饮料已成为人们必不可少的需要。不同的人应该根据需要选择不同的饮品，才能起到消暑解渴、补充营养流失的作用。然而，专家对有些人钟情于饮可乐解暑表示担忧。全国政协委员、江苏省中医药学会营养与康复专业委员会主任王旭东教授指出，以可乐为代表的碳酸饮料刚开始面世时，因其口感好，产生的气体能把胃里的热量带出来，给人舒适和兴奋的感觉。喝习惯后，人们就会对碳酸饮料产生一定的依赖性。实际上，碳酸饮料没有任何营养价值。

据介绍，各类碳酸饮料中的糖分较高，长期喝容易导致发胖。可乐中含有安钠咖，与咖啡因同类，同时还含防腐剂。这些成分的含量是否对人体有害，目前还不好说，但肯定对身体不好，也没有任何营养价值，长期喝这些饮料肯定会出问题。

其实中国最好的饮料就是我们的国饮——茶，尤其是绿茶。哪怕喝白开水，也比喝碳酸饮料强。

儿童饮可乐有害。可乐中含有咖啡因，1 瓶 340 克的可乐型饮料含有咖啡因 50 ~ 80 毫克。有人做过试验，成年人一次口服咖啡因 1 克以上，可以引起中枢神经系统兴奋、呼吸加快、心动过速、

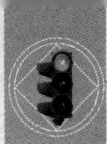

失眠、眼花、耳鸣。即使 1 次服用 1 克以下，由于胃黏膜受到刺激，也会出现恶心、呕吐、眩晕、心悸、心前区疼痛等中毒症状。小儿对咖啡因较成人更敏感，所以不要给孩子喝可乐型饮料。

少女谨防骨质疏松。一项研究显示，汽水会加速骨质流失，尤其爱喝可乐的少女，骨折的概率是不喝汽水者的 5 倍！专家指出，可乐中的磷酸可能是造成易骨折的原因。磷酸对骨质有害，因为磷酸对钙的新陈代谢和骨质有不利影响。另一方面，喝可乐的年轻女孩可能致牛奶摄取量不足，使身体缺乏钙质，因而易骨折。

新婚夫妇慎喝可乐。医学家们奉劝新婚女子少饮或不饮可乐型饮料。因为多数可乐型饮料中都含有较高成分的咖啡因，咖啡因在体内很容易通过胎盘的吸收进入胎儿体内，会危及胎儿的大脑、心脏等器官，同样会使胎儿造成畸形或先天性疾病。因此，专家建议，新婚夫妇以及想要孩子的夫妻们，除了须禁烟酒外，可乐型饮料也不宜饮用。即使婴儿出生后，哺乳的母亲也不能饮用可乐型饮料。因为咖啡因也能随乳汁间接进入婴儿体内危害婴儿的健康。

老年人不宜饮可乐。可乐有利尿作用，可使钙的吸收减少一半。老年人经常饮用含咖啡因的饮料，会加剧体内钙质的缺乏，引起骨质疏松，容易骨折。

另外，饮含咖啡因的饮料过多，会使血脂升高，易加剧动脉硬化。高血脂、高血压患者多饮，会加速病情的恶化。对吸烟者来讲，咖啡因在尼古丁诱变物质的作用下，易使身体某些组织发生突变，甚至导致癌细胞的产生。为避免上述危害，应改变吸烟时饮用可乐的习惯。

为什么吸管能把我们
喝的东西吸出来？

吸管，或称饮管，是一条圆柱状，中空的塑胶制品，其主要功用是用来饮用杯子中的饮料，也有用来吸食一些烹饪好的动物长骨的骨髓。一般直径在0.5厘米左右，但是用来吸食酸奶、珍珠奶茶等饮品时，会用较粗的吸管，有的直径有1.5厘米。直径极小的吸管用作饮热饮。

吸管是运用大气压强原理，使用时对着吸管吸走部分空气，将造成管内压强变小，而为了平衡气压，大气压强将会迫使管内液体上升。停止吸气时，管内液体下降，压强便回到平衡。这就是吸管的奇妙原理与应用。

吸管是美国的马文·史东（Marvin Stone）在1888年发明的。19世纪，美国人喜欢喝冰凉的淡香酒，为了避免口中的热气减低酒的冰冻劲，因此喝时不用嘴直接饮用，而以中空的天然麦秆来吸饮。可是天然麦秆容易折断，它本身的味道也会渗入酒中。当时，美国有一名烟卷制造商马文·史东，从烟卷中得到灵感，制造了一支纸吸管。试饮之下，既不会断裂，也没有怪味。从此，人们不止在喝淡香酒时使用吸管，喝其他冰凉饮料时，也喜欢使用纸吸管。

塑胶发明后，因塑胶的柔韧性、美观性都胜于纸吸管，所以纸吸管便被五颜六色的塑胶吸管取代了。

它的制作方法是：把塑料熔融后，通过挤出模，就是所谓的口器，然后机器像注射器一样把塑料挤出（这个过程是连续的，机器上有一个螺杆，会以一定速度挤出），在塑料还软化的时候，送进机器，直接成型，后期再用机器进行切削，就成为我们所看到的一段一段的吸管了……

我们平常喝的自来水是怎么
生产出来的？

自来水是经过多道复杂的工艺流程，通过专业设备制造出来的饮用水。自来水的处理过程如下：

首先必须把源水从江河湖泊中抽取到水厂（不同的地区取水口是不同的，水源直接影响着一个地区的饮水质量）；然后经过沉淀、过滤、消毒、入库（清水库），再由送水泵高压输入自来水管道。现在国家规定要用 PP 管，而不是以前常用的铁管，因为时间一长铁管就会生锈，会造成严重的二次污染；最终分流到用户龙头。整个过程要经过多次水质化验，有的地方还要经过二次加压、二次消毒才能进入用户家庭。

现在自来水消毒大都采用氯化法，给水氯化的主要目的就是防止水传播疾病，这种方法推广至今有一百多年历史了，具有较完善的生产技术和设备，氯气用于自来水消毒，具有消毒效果好，费用较低，几乎没有有害物质的优点。但我们经过对理论资料了解、研究，认为氯气用于自来水消毒还是存在一定的弊端。氯化消毒后的自来水能产生致癌物质，且目前有关方面专家也提出了许多改进措施。

大约一百多年前就采用了氯化消毒方法，并沿用至今，成为一种常规消毒方法。但随着科学技术发展，发现氯化后自来水出现一些令人遗憾的结果！经过氯化后的水会产生哪些物质？这些物质会影响人体健康吗？如何才能得到既清洁又安全的饮用水？这些都是科学家们关注的问题。

过滤后的水要进行消毒，消毒剂用氯气。氯气易溶于水，与水结合生成次氯酸和盐酸，在整个消毒过程中起主要作用的是次氯酸。对产生臭味的无机物来说，它能将其彻底氧化消灭，对于有生命的天然物质，如水藻、细菌而言，它能穿透细胞壁，氧化其酶系统（酶为生物催化剂）使其失去活性，使细菌的生命活动受到障碍而死亡。次氯酸本身呈中性，容易接近细菌体而显示出良好的灭菌效果，次氯酸根离子也具有一定的消毒作用，但它带负电荷而难以接近细菌体（细菌体带负电荷），因而较之次氯酸，其灭菌效果要差得多，所以氯气消毒效果要比采用漂白粉消毒更佳。

在现阶段，消毒剂除氯气外，还有二氧化氯、臭氧，采用代用消毒剂可降低有害物质的生成量，同时提高处理效率。

目前世界上安全的自来水消毒方法是臭氧消毒。不过这种方法的处理费用太昂贵，而且经过臭氧处理过的水，它的保留时间是有限的，至于能保留多长时间，目前还没有一个确切的概念。所以目前只有少数的发达国家才使用这种处理方法。

为什么要喝牛奶？

牛奶，是最古老的天然饮料之一。牛奶顾名思义是从雌性奶牛身上挤出来的。在不同国家，牛奶也分有不同的等级，目前最普遍的是全脂、低脂及脱脂牛奶。目前市面上牛奶的添加物也相当多，如高钙低脂牛奶，就强调其中增添了钙质。

牛奶是人们日常生活中喜爱的饮食之一，每年5月的第三个星期二，是"国际牛奶日"。喝牛奶的好处如今已越来越被大众所认识，牛奶中含有丰富的钙、维生素D等，包括人体生长发育所需的全部氨基酸，消化率可高达98%，是其他食物无法比拟的。

一、牛奶营养丰富

牛奶营养丰富、容易消化吸收、物美价廉、食用方便，是"最接近完美的食品"，人称"白色血液"，是最理想的天然食品。

奶中的蛋白质主要是酪蛋白、白蛋白、球蛋白、乳蛋白等，所含的二十多种氨基酸中有人体必需的8种氨基酸，奶蛋白质是全价的蛋白质，它的消化率高达98%。乳脂肪是高质量的脂肪，品质最好，它的消化率在95%以上，而且含有大量的脂溶性维生素。奶中的乳糖是半乳糖和乳糖，是最容易消化吸收的糖类。奶中的矿物质和微量元素都是溶解状态，而且各种矿物质的含量比例，特别是钙、磷的比例比较合适，很容易消化吸收。

附：牛奶营养成分详解

每100克牛奶含水分87克，蛋白质3.3克，脂肪4克，碳水化合物5克，钙120毫克，磷93毫克，铁0.2毫克，维生素$A_1$40国际单位，维生素$B_1$0.04毫克，维生素$B_2$0.13毫克，尼克酸0.2毫克，维生素C_1毫克。可供热量69千卡。

二、牛奶能抑制肿瘤

牛奶和奶制品干酪中含有一种CLA的物质，能有效破坏人体内有致癌危险的自由基，并能迅速和细胞膜结合，使细胞处于防御制癌物质侵入的状态，从而起到防癌作用。而且牛奶中所含的钙能在人体肠道内有效破坏致癌物质，使其分解改变成非致癌物质，并排出体内。牛奶中所含的维生素A、维生素B_2、维生素D等对胃癌和结肠癌都有一定的预防作用。

而且牛奶中还含有多种能增强人体抗病能力的免疫球蛋白抗体，也有防癌作用。另外酸牛奶中含有一种酶，能有效防止癌症患

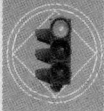

者因化学疗法和放射疗法所引起的副作用。

三、牛奶能镇静安神

意大利科研人员研究发现，牛奶之所以具有镇静安神的作用，是因为含有一种可抑制神经兴奋的成分。

意大利热那亚市女研究员罗塞拉·阿瓦洛内在撰写的一份研究报告中说，人们日常食用的牛奶等一些食物，其中含有一定数量的起镇静安神作用的物质，如苯甲二氮䓬。阿瓦洛内认为，除牛奶外，大豆、谷类等食物也具有显著的安神功效。

阿瓦洛内建议，当你心烦意乱的时候，不妨去喝一大杯牛奶安安神。睡前喝一杯牛奶可促进睡眠。

四、牛奶能美容养颜

牛奶营养丰富，含有高级的脂肪、各种蛋白质、维生素、矿物质，特别是含有较多维生素B族，它们能滋润肌肤，保护表皮、防裂、防皱，使皮肤光滑柔软白嫩，使头发乌黑减少脱落，从而起到护肤美容的作用。

牛奶中所含的铁、铜和维生素A，有美容养颜作用可使皮肤保持光滑滋润。

牛奶中的乳清对面部皱纹有消除作用。

牛奶还能为皮肤提供封闭性油脂，形成薄膜以防止皮肤水分蒸发。另外，还能暂时提供水分，所以牛奶是天然的护肤品，也是"绿色护肤品"。

所以自古以来不论国外国内都有用牛奶及奶制品美容的记载，如罗马人每日用在牛奶里浸泡过的面包擦脸，认为这样会使皮肤光滑白嫩，显得年轻美貌，并可抑制胡须的生长。所以现在有的化妆品中还含有牛奶或奶制品的成分。

五、牛奶有助减肥

奶制品含有高脂肪和热量，所以许多人为了减肥而不吃奶制品。然而美国田纳西州大学的研究显示，奶制品中丰富的钙元素，对人体内的脂肪降解非常重要。

研究小组把 34 名健康肥胖者分成两组，让他们每天进食比平时少 500 卡热量的食物，其中一组每天喝 3 份含 1100 毫克钙的低脂酸奶，另一组则每天吃 500 毫克钙片。坚持一段时间后的结果显示，喝酸奶一组人平均体重、体脂及腹部脂肪下降程度分别比另一组人要多 22%、61% 和 81%。

研究员认为，奶制品中的钙元素能帮助人体燃烧脂肪，促进机体产生更多的能降解脂肪的酶。所以，如果你想减肥，每天至少要吃 3 份低脂或脱脂乳制品。

六、牛奶能促进幼儿大脑发育

乳是哺乳动物出生后赖以生存发育的唯一食物，它含有适合其幼子发育所必需的全部营养素。

牛奶中含有的磷，对促进幼儿大脑发育有着重要的作用。

牛奶中含有维生素 B_2，有助于视力的提高。

牛奶中含有钙，可增强骨骼牙齿强度，促进青少年智力发展。

牛奶中含有乳糖，可促进人体对钙和铁的吸收，增强肠胃蠕动，促进排泄。

牛奶中含有铁、铜及维生素 A，有美容作用，使皮肤保持光

滑、丰满。

牛奶中的镁能缓解心脏和神经系统疲劳，锌能促进伤口更快地愈合。

七、过期牛奶可用来擦皮鞋

过期牛奶可用来擦皮鞋，先刷掉鞋面上的污垢，再用纱布蘸上过期发酸的牛奶均匀地涂抹在鞋面上，等干了以后用干布擦拭，鞋面可光亮如新。

酸奶可增强免疫体系功能，阻止肿瘤细胞增长，防止动脉硬化。

酸奶中含有大量的乳酸和有益于人体健康的活性乳酸菌，有利于人体消化吸收，激活胃蛋白酶，增强消化机能，提高人体对矿物质元素钙、磷、铁的吸收率。

你知道我们常喝的牛奶
有哪些种类吗？

巴氏消毒奶——采用巴氏消毒法灭菌，需全程在4℃~10℃冷藏，目前较为流行。这种方法能最大限度地保留牛奶中营养成分。保质期较短的牛奶多为巴氏消毒法消毒的"均质"牛奶，用这种方法消毒可以使牛奶中的营养成分获得较为理想的保存，是目前世界上最先进的牛奶消毒方法之一。

所谓的"均质"，是指牛奶加工中的新工艺，就是把牛奶中的脂肪球粉碎，使脂肪充分溶入蛋白质中去，从而防止脂肪黏附和凝结，也更利于人体吸收。保质期一般在 48 小时以内，它们的营养价值与鲜牛奶差异不大，B 族维生素的损失仅为 10% 左右，但是一些生理活性物质可能会失活。

常温奶——采用超高温灭菌法，能将有害菌全部杀灭，保质期延长至 6～12 个月，无须冷藏。但营养物质会受很大损失。

还原奶——巴氏消毒不得用于还原奶，但常温奶、酸奶及其他乳制品可用，但必须标明原料为"复原乳"或"水巴氏消毒不适合用于奶粉"。

生鲜牛奶——在许多发达国家，未经杀菌的生鲜牛奶是最受消费者欢迎的，但价格也最为昂贵。新挤出的牛奶中含有溶菌酶等抗菌活性物质，能够在 4℃ 下保存 24～36 小时。这种牛奶无须加热，不仅营养丰富，而且保留了牛奶中的一些微量生理活性成分，对儿童的生长很有好处。

灭菌牛奶——不少生产厂家为了满足上班族的需要，生产出保存时间较长的百利包。保存时间较长的百利包牛奶在加工过程中已经全面灭菌，对人体有益的菌种也基本被"一网打尽"了，牛奶的营养成分因而也被破坏掉。

这种牛奶的包装和鲜牛奶非常相像，保质期大部分是 30 天或更长时间，有些灭菌牛奶的保质期达 6 个月以上。灭菌奶一般味道比较浓厚，但是营养物质有一定损失，B 族维生素有 20%～30% 的

损失。

无抗奶——这个名词已经被大部分人所认识，但它不会出现在牛奶的外包装上，因为它是牛奶出厂的指标之一，一般知名厂家出厂的牛奶都应该达到这个标准。

无抗奶是指用不含抗生素的原料生产出来的牛奶。"抗"是指用来治疗病牛所用的各类抗生素，常见的有青霉素、链霉素等。奶牛在每年换季时易患乳腺炎，并且采用机械榨乳也比人工挤奶使乳牛更易患乳腺炎，向牛乳房部位直接注射抗生素，奶牛能尽快恢复健康。经过抗生素治疗的奶牛，在一定时间内产生的牛奶会残存着少量抗生素，这种奶不能作为食用奶原料进行加工生产。

油条为什么会出现在人们的生活中？

在日常生活中，特别是在早餐中，提起油条这种食品，可以说是家喻户晓。

相传在南宋年间，奸臣宰相秦桧和他的老婆王氏因妒忌及贪婪，外通金国，在东窗定下了毒计，把精忠报国的岳飞害死在风波亭。消息传开来，老百姓个个义愤填膺，酒楼茶馆，街头巷尾，都在讨论这件事。

那时，在从安桥河下，有两个食品摊，一家卖芝麻葱烧饼，一家卖油炸糯米团。这一天，刚刚散了早市，做烧饼的王二通通火炉，理好灶上卖剩的最后一沓葱烧饼，看没有买主，就坐在条凳上休息。这时，做糯米团的李四，也已收拾好油锅，蹲在那里休息。

两人彼此打过招呼，就一起聊起了天，谈来谈去，就谈到秦桧害死岳飞的事情上来了。两人都非常愤懑，就想用一种方法来抒发表达自己对这件事的看法。想来想去，王二想到了一个办法，只见他从面板上弄了两个面疙瘩，揉揉捏捏，捏捏团团，不久就捏成了两个面人。一个吊眉无赖，一个歪嘴刁婆。他抓起切面刀，往那吊眉无赖的颈项上打横一刀，又往那歪嘴刁婆的肚皮上竖着一刀。

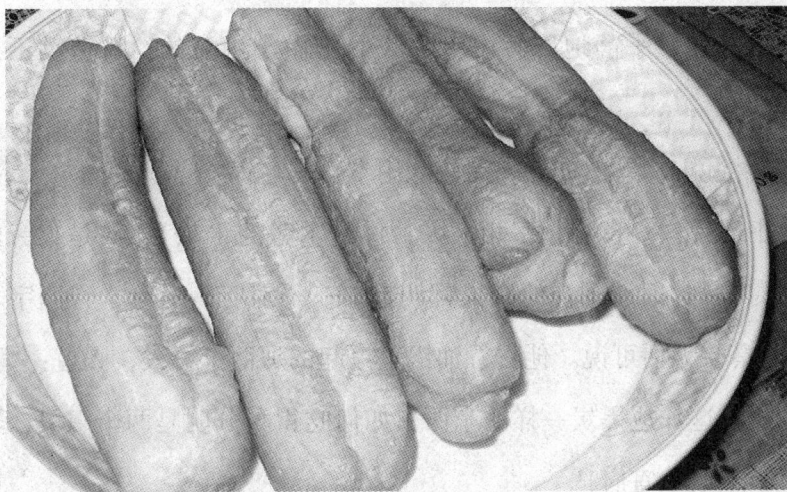

李四看到后，认为还不是恰到好处，他跑回自己摊子去，把油锅端到王二烤烧饼的炉子上来，将那两个斩断切开的面人重新捏好，背对背地粘在一起，丢进滚烫油锅里去炸。一面炸，一面叫着，"大家来看油炸桧啰！大家来看油炸桧啰！"

　　过往行人听见"油炸桧",觉得很新鲜,都围拢来。大家看着油锅里有这样两个丑人,被滚油炸得吱吱响,就明白是怎么回事了,也跟着喊起来;"看呀看呀,油炸桧啰!看呀看呀,油炸桧啰!"

　　恰巧,秦桧坐着八抬大轿,正从皇宫里退朝回府,经过从安桥。秦桧在轿子里听见吵杂的喊声,觉得这声音直刺向自己的心窝,就叫停轿子,立刻派出亲兵去抓人。亲兵挤进人群,把王二和李四抓来,连那油锅也端到轿前,秦桧看见油锅里炸得焦黑的两个丑人,气得络腮胡子根根都朝上,走出轿来大声叫道:"好大的胆子!你们想要造反?"

　　王二异常平静地回答说:"我们是做小生意的,对造反不感兴趣。"

　　秦桧说:"既然如此,怎敢乱用本官的名讳?"

　　王二说:"哎呀,宰相大人,你是木旁的'桧',我是火旁的'烩'哩!这时,围观的众人都叫起来,"对呀,对呀,音同字不同!"秦桧无话可说。他看看油锅里浮起的那两个丑人,喝道:"不要啰唆!这炸成黑炭一样的东西,如何吃得!分明是两个刁民,聚众生事,欺蒙官府!"

　　听秦桧这么一说,人群中立刻站出两个人来,说:"就要这样炸,就要这样炸!"一面把油锅里的面人捞起来。还连声说:"好吃,好吃!我越吃牙齿越畅快,真想一口把它吞下去哩!"这一来,气得秦桧脸像紫猪肝,他只好瞪瞪眼睛,往大轿里一钻,灰溜溜地逃了。

无赖秦桧被当众吃瘪，这件事情一下哄动了临安城。人们纷纷赶到从安桥来，都想吃一吃"油炸桧"，王二和李四索性两人合伙做起了"油炸桧"生意。

后来，由于捏面人很费工夫，让顾客老排长队，因此王二和李四想出了一个简便的法子，他们把一个大面团揉匀摊开，用刀切成许多小条，拿两根来，一根算是无赖秦桧，一根算是刁婆王氏，用棒儿一压，扭在一起，放到油锅里去炸，仍旧叫它"油炸桧"。

老百姓当初吃"油炸桧"是为了消消心中的愤懑。但一吃味道真是不错，价钱也便宜，所以吃的人就越来越多。一时间，临安城里城外很多摊位，都学着做起来，以后就渐渐地传到了外地，日久天长，就把这些根长条称作"油条"。

为什么在生活中应当少吃茶叶蛋？

茶叶蛋本身的两种成分都是上好的营养食品。鸡蛋含丰富的氨基酸、蛋白质、卵磷脂和微量元素等，每天一个鸡蛋，人体可以充分吸收它的营养。茶叶中含有咖啡因，可提神醒脑，消除疲劳；含有单宁酸，能有效地预防中风；所含氟化物，能够预防牙齿疾病；红茶能有效防治皮肤癌，是美容养颜佳品；绿茶所富含的茶多酚，更是优秀的抗氧化剂，可防癌抗癌、抗衰老、消炎杀菌等。

　　但是两者若是一起烹制后食用就得不偿失了，原因是多方面的。茶叶中含有鞣酸成分，在烧煮时会渗透到鸡蛋里，与鸡蛋中的铁元素结合而形成沉淀，对胃有很强的刺激性。久而久之，会影响营养物质的消化吸收，不利于人体健康。茶叶中的生物碱类物质会同鸡蛋中的钙质结合而妨碍其消化吸收，同时会抑制十二指肠对钙质的吸收，容易导致缺钙和骨质疏松。

　　正确而健康的吃法是将两种上好的营养食品分开食用，鸡蛋可以采用西红柿炒鸡蛋、鸡蛋羹、芙蓉蛋等做法，既利于鸡蛋营养的吸收，又美味可口。茶叶最好在饭后 1 小时饮用，或者用茶叶做饭也是不错的选择，茶水烧饭、煮粥，不仅可使米饭色、香、味俱佳，而且营养物质不会损失，经常食用还有去腻、洁口、化食和防治疾病等益处。方法也很简单，取茶叶少许，先泡开，滤渣取水煮饭即可。

为什么真空包装的食品可以保鲜？

　　真空包装是将包装容器内的空气全部抽出密封，维持袋内处于高度减压状态，空气稀少相当于低氧效果，使微生物没有生存条件，以达到果品新鲜、无病腐发生的目的。目前应用的有塑料袋内真空包装、铝箔包装、玻璃器皿、塑料及其复合材料包装等。可根据物品种类选择包装材料。由于果品属鲜活食品，尚在进行呼吸作用，高度缺氧会造成生理病害，因此，果品类使用真空包装的较少。

真空包装中重要的一个环节是除氧，这样有利于防止食品变质。其原理也比较简单，因食品霉腐变质主要由微生物的活动造成，而大多数微生物（如霉菌和酵母菌）的生存是需要氧气的，而真空包装就是运用这个原理，把包装袋内和食品细胞内的氧气抽掉，使微生物失去"生存的环境"。实验证明：当包装袋内的氧气浓度≤1%时，微生物的生长和繁殖速度就会急剧下降；氧气浓度≤0.5%，大多数微生物将受到抑制而停止繁殖。（注：真空包装不能抑制厌氧菌的繁殖和酶反应引起的食品变质和变色，因此还需与其他辅助方法结合，如冷藏、速冻、脱水、高温杀菌、辐射灭菌、微波杀菌、盐腌制等。）

真空除氧除了抑制微生物的生长和繁殖外，另一个重要功能是防止食品氧化，因油脂类食品中含有大量不饱和脂肪酸，受氧的作用而氧化，使食品变味、变质。此外，氧化还使维生素 A 和维生素 C 损失，食品色素中的不稳定物质受氧的作用，使颜色变暗。所以，除氧能有效地防止食品变质，保持其色、香、味及营养价值。

真空包装中重要的另一环节是充气。真空充气包装的主要作用除真空包装所具备的除氧保质功能外，主要还有抗压、阻气、保鲜等作用，能更有效地使食品长期保持原有的色、香、味、形及营养价值。另外，有许多食品不宜采用真空包装，而必须采用真空充气包装，如松脆易碎食品、易结块食品、易变形走油食品、有尖锐棱

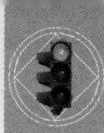

角或硬度较高会刺破包装袋的食品等。食品经食品真空包装机真空充气包装后，包装袋内充气压强大于包装袋外大气压强，能有效地防止食品受压破碎变形，并且不影响包装袋外观及印刷装潢。

真空充气包装在真空后再充入氮气、二氧化碳、氧气单一气体或2~3种气体的混合气体。其中氮气是惰性气体，起充填作用，使袋内保持正压，以防止袋外空气进入袋内，对食品起到一个保护作用。氧化碳气能够溶于各类脂肪或水中，形成酸性较弱的碳酸，有抑制霉菌、腐败二细菌等微生物的活性。氧气具有抑制厌氧菌的生长繁殖的作用，保持水果、蔬菜的新鲜及色彩，高浓度氧气可使新鲜肉类保持其鲜红色。

在食品行业，真空包装应用非常普遍，各种熟制品，如鸡腿、火腿、香肠、烤鱼片、牛肉干等；腌制品，如各种酱菜以及豆制品、果脯等各种各样需要保鲜的食品越来越多地采用真空包装。经过真空包装的食品保鲜期长，大大延长食品的保质期。

肥皂从古至今是如何发挥作用的？

古代不管是东方还是西方国家，最早的洗涤成分不外乎都是碳酸钠和碳酸钾。前者为天然湖矿产品，后者就是草木灰的主要洗涤成分。肥皂的发明据传是地中海东岸的腓尼基人。传说在公元前7

世纪古埃及的一个皇宫里，一个腓尼基厨师不小心把一罐食用油打翻在地，他非常害怕，赶快趁别人没有发现时用灶炉里的草木灰撒在上面，然后再把这些混合浸透了油脂的草木灰用手捧出去扔掉了。

望着自己满手的油腻，他想：这么脏的手，不知道要洗到什么时候才能洗干净啊！他一边犹豫着一边把手放到了水中。奇迹出现了：他只是轻轻地搓了几下，那满手的油腻就很容易地洗掉了！甚至连原来一直难以洗掉的老污垢也随之被洗掉了。这个厨师很奇怪，就让其他的厨师也来用这种灰油试一试，结果大家的手都洗得比原来更加干净。于是，厨房里的佣人们就经常用油脂拌草木灰来洗手。后来法老也知道了这个秘密，就让厨师做些拌了油的草木灰供他洗手用。

当然，传说毕竟只是传说，未必完全当真。不过亚历山大城附近的埃及湖中，盛产天然碳酸钠，因此古埃及洗涤技术相对发达，发明肥皂也就不足为怪了。

肥皂是脂肪酸金属盐的总称，日用肥皂中的脂肪酸碳数一般为 $10 \sim 18$，金属主要是钠或钾等碱金属，也有用氨及某些有机碱如乙醇胺、三乙醇胺等制成特殊用途肥皂的。肥皂包括洗衣皂、香皂、金属皂、液体皂，还有相关产品脂肪酸、硬化油、甘油等。

肥皂中除含高级脂肪酸盐外，还含有松香、水玻璃、香料、染料等填充剂。从结构上看，在高级脂肪酸钠的分子中含有非极性的憎水部分（烃基）和极性的亲水部分（羧基）。憎水基具有亲油的性能。在洗涤时，污垢中的油脂被搅动、分散成细小的油滴，与肥

皂接触后，高级脂肪酸钠分子的憎水基就插入油滴内，靠范德华力与油脂分子结合在一起。而易溶于水的亲水基伸入油滴外面，插入水中。

这样油滴就被肥皂分子包围起来，分散并悬浮于水中形成乳浊液，再经摩擦振动，就随水漂洗而去，这就是肥皂去污原理。但普通肥皂不宜在硬水或酸性水中使用。在硬水中因生成难溶于水的硬脂酸钙盐和镁盐，在酸性水中生成难溶于水的脂肪酸，大大降低其去污能力。

你知道使用洗衣粉的这些误区吗？

20世纪40年代以后，随着化学工业的发展，人们利用石油中提炼出的化学物质——四聚丙烯苯磺酸钠，制造出了比肥皂性能更好的洗涤剂。后来人们又把具有软化硬水、提高洗涤剂去污效果的磷酸盐配入洗涤剂中，这样洗涤剂的性能就更完美了。人们又为了使用、携带、存储、运输等方便，就把洗涤剂制造成了洗衣粉。

由于洗衣粉能在井水、河水、自来水、泉水，甚至是海水等各类水质表现出良好的去污效果，并广泛使用于各类织物，所以其生产和使用就迅速发展起来了。现在，洗衣粉几乎是每一个家庭必需的洗涤用品。

虽然我们经常使用洗衣粉，但是不一定知道一些使用洗衣粉的误区。那么，下面我们就来看一下使用洗衣粉到底有哪些误区。

误区一：泡沫越多去污力越强

有的消费者错误地认为洗衣粉泡沫越多越好，实际上泡沫的多少和去污力没有直接联系。在洗衣服时，洗衣粉的量应加足，洗涤特别脏的衣服时多加一些是应该的，但并不是洗衣粉加得越多越好。当洗衣粉达到一定浓度，水溶液的表面活性达到最大值以后，去污力就不再随着洗衣粉的增加而增加了，反而有减少的趋势。实践证明：洗衣粉的浓度在 0.2% ~ 0.5% 时，水溶液的表面活性最高，洗涤去污能力最强，也就是说，在一盆清水中加入 5 ~ 10 克（约 1 茶匙）的洗衣粉就足够了。洗衣粉加过量除了不会再增加去污效果外，还会因溶液中碱性的增加而对衣服纤维有损伤。另外，大量洗衣粉附在衣服上，泡沫多，不易漂净，费水、费时间，造成浪费不说，残留在衣物上的成分还会对皮肤造成伤害，引起过敏反应等。

误区二：天然皂粉 = 洗衣粉

目前市场上出现了名叫天然皂粉的产品，很多消费者都以为也是一种洗衣粉，其实肥皂粉不完全等于洗衣粉。从功能上看，天然皂粉优于洗衣粉。它不含磷酸盐，且具有天然特性，因此对皮肤刺激性小、安全，且保护织物，对织物具有亲和性，洗后衣物蓬松柔软，解决了用合成洗衣粉多次洗涤后织物污垢积淀、织物硬化、带静电等问题。皂粉是超低泡型洗涤产品，更易漂净，所以更适合洗贴身衣物。由于天然皂粉添加了特种钙皂分散剂，其去污力更强。

另外，香气浓郁，织物干后仍留有余香。

误区三：洗衣粉不伤手

由于洗衣粉市场竞争激烈，为了显示产品的"独特"功效，一些厂家别出心裁地推出"不伤手的洗衣粉"、"不伤手的洗洁精"等，意在多占一点市场份额。然而，这些被夸大的宣传很容易误导消费者。因为，合成洗涤剂在本质上归根结底都属于化工产品，去污的同时或多或少地都会对皮肤造成伤害。长时间接触后会导致皮疹、红斑、脱屑、湿疹等皮肤问题。如果通过皮肤过多地吸收到体内，还可能损害人体的造血功能、淋巴系统和肝功能，有的甚至有致癌的危险。

误区四：把洗衣粉当作洗碗剂

有的家庭用洗衣粉洗餐具，这是非常不好的。洗衣粉中的主要成分是烷基苯磺酸钠，具有中等毒性。如果它的微粒附着在餐具上通过胃肠道进入人体后，可抑制胃蛋白酶和胰酶的活动性，从而影响胃肠消化功能，同时还会损害肝细胞，导致肝功能障碍。久而久之，会使人腹泻、消化不良、肝肾异常、脾脏缩小，甚至致癌、导致血液疾病等。因此，千万不要拿洗衣粉当洗碗剂来用。

自来水笔为什么一写字就会 自动出水？

当你用自来水笔写字的时候，纸上立刻就现出字迹。你可曾想过：为什么你写字的时候，自来水笔里的墨水会源源不绝地跑出来；你不写的时候，它就不出来呢？

我们来做个实验：拿一根细玻璃管插入盛有水的玻璃杯里，水就很快地从细玻璃管中往上升，而且管子里的水面比玻璃杯内的水面还要高。这个现象叫做毛细现象。自来水笔就是应用毛细原理加以设计的。它依靠笔身上一系列毛细槽和笔尖上的细缝，把笔胆里的墨水输送到笔尖。书写的时候，笔尖一碰到纸张，墨水就附着在纸上，因而纸上留下了明显的字迹。

不写字的时候，自来水笔里的水为什么不流出来呢？让我们再做个实验来说明这个问题：用一块硬纸片盖在装满水的玻璃杯上，按住纸片，并迅速地将玻璃杯和纸片侧转向下，再放开按住纸片的手，只见满满一杯水仍留在玻璃杯里不流出来。难道一杯水的重量推不动一张纸吗？不是的。这是由于大气压强作用在硬纸片上，把水的重量抵住了。不写字的时候，自来水笔里的墨水不流出来的道理也是一样的，因为笔胆外面的大气压强比笔胆里的压强大，所以

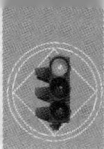

能够暂时把墨水抵住。

　　有些老式的自来水笔，在你正写着字的时候，往往会突然漏出一大滴墨水染污了纸张。你注意过没有，这种不愉快的事大都发生在冬天，而且是笔胆里的墨水较少的时候，这是什么原因呢？因为冬天人的体温比笔胆里的温度高，人的体温通过手传到笔胆内，笔胆里的空气一受热就发生膨胀。当笔胆里的墨水较少时，笔胆里的空气就较多，空气越多，受热后膨胀得越厉害，把笔胆内的墨水挤出来也越多，老式笔舌上的几条毛细槽，不能把从笔胆里挤出来的墨水全部储蓄起来，于是产生了漏水现象。一般比较新式的自来水笔，在笔舌上都有较多的蓄水毛细槽或储水器，能够把多余的墨水全部储蓄起米，所以不会漏水。

我们应该怎样正确使用圆珠笔？

　　圆珠笔是近数十年来风行世界的一种书写工具。它具有结构简单、携带方便、书写润滑，且适宜于用复写等优点。因而，从学校的学生到写字楼的文职人员等各界人士都乐于使用。圆珠笔与自来水笔不同，由于它使用的是干稠性油墨，油墨又是依靠笔头上自由转动的钢珠带出来转写到纸上，因此不渗漏、不受气侯影响，并且书写时间较长，省去了需经常灌注墨水的麻烦。

该笔比一般钢笔坚固耐用，但如果使用或保管不当，往往就写不出字来，这主要是干固的墨油黏结在钢珠周围阻碍油墨流出的缘故。油墨是一种黏性油质，是用胡麻子油、合成松子油（主含萜烯醇类物质）、矿物油（分馏石油等矿物而得到的油质）、硬胶加入油烟等而调制成的。

在使用圆珠笔时，不要在有油、有蜡的纸上写字，不然油、蜡嵌入钢珠沿边的铜碗内影响出油而写不出字来，还要避免笔的撞击、暴晒，不用时随手套好笔帽，以防止碰坏笔头、笔杆变形及笔芯漏油而污染物体。如遇天冷或久置未用，笔不出油时，可将笔头放入温水中浸泡片刻后再在纸上画，即可写出字来。

一、球珠收口过程

圆珠笔笔头由球珠和球座组成，墨水通道有五个沟槽。球珠放入球座上，球座收口，包住球珠，让球珠不至于掉出，完成笔头加工。

二、圆珠笔书写原理

球珠在球座内可以自由转动。圆珠笔的油墨通过球座中的五个沟槽流向球珠上，笔在书写时，摩擦力带动球珠转动，从而将流向球珠的油墨不断转印到书写物上。

三、圆珠笔的冒油原因

圆珠笔在书写时，一部分油墨从球珠转印到书写物上，球珠被

转印后变白，另一部分油墨会随球珠转动带回球座内。

好的笔头，随球珠转动将油墨带回球座较彻底，油墨沾在球座头外面较少，比较干净。

较差的笔头，油墨会大部分沾在球座头外面，无法带回球座内，即冒油现象，书写时，很容易污染书写物。

圆珠笔流利，出墨就多，但副作用是落墨多；若要落墨少，缺点则不流利。这两种情况是一对矛盾，如何综合考虑，使之达到最佳效果，则是圆珠笔制造业一直研究的课题。

四、圆珠笔笔尖落地所造成的碰伤情况

圆珠笔落地，如笔尖90°碰地，则圆珠笔笔头不会损坏，但若收口处碰伤，这样就会在此缺口处产生"冒油"现象。严重时，还会出现球珠脱落、书写困难等现象。

五、圆珠笔的正确书写角度（55°~70°）

圆珠笔书写时，角度控制在55°~70°是最为理想的。这时，仅是球珠与纸接触（球珠很硬——碳化钨或陶瓷，很不易磨损），收口处不接触书写物，从而保证圆珠笔在良好的书写状态下延长使用寿命。

书写角度过小易磨损球座的收口处（球座材料为镍铂铜或不锈钢，较球珠易磨损得多），如长时间接触被写物，即使被写物是纸张，球座也经不起磨损，如此会造成球珠脱落。

书写时，垫纸过厚，笔头收口处接触到纸，易磨损脱珠，建议：0.4的球珠不能复写；0.5的球珠最多复写1张，不宜再多；0.7的球珠最多复写3张至4张，不宜再多。复写时最好75°书写。

不锈钢为什么耐腐蚀？

不锈钢（Stainless Steel）指耐空气、蒸汽、水等弱腐蚀介质和酸、碱、盐等化学浸蚀性介质腐蚀的钢，又称不锈耐酸钢。实际应用中，常将耐弱腐蚀介质腐蚀的钢称为"不锈钢"，而将耐化学介质腐蚀的钢称为"耐酸钢"。由于两者在化学成分上的差异，前者不一定耐化学介质腐蚀，而后者则一般均具有不锈性。不锈钢的耐蚀性取决于钢中所含的合金元素。

所有金属都和大气中的氧气进行反应，在表面形成氧化膜。不幸的是，在普通碳钢上形成的氧化铁继续进行氧化，使锈蚀不断扩大，最终形成孔洞。可以利用油漆或耐氧化的金属（例如，锌、镍和铬）进行电镀来保护碳钢表面，但是，正如人们所知道的那样，这种保护仅是一种薄膜。如果保护层被破坏，下面的钢便开始锈蚀。

不锈钢的耐腐蚀性取决于铬，但是因为铬是钢的组成部分之一，所以保护方法不尽相同。

在铬的添加量达到 10.5% 时，钢的耐大气腐蚀性能显著增加，铬含量更高时，尽管仍可提高耐腐蚀性，但不明显。原因是用铬对钢进行合金化处理时，把表面氧化物的类型改变成了类似于纯铬金

55

属上形成的表面氧化物。这种紧密黏附的富铬氧化物保护表面，防止进一步氧化。这种氧化层极薄，透过它可以看到钢表面的自然光泽，使不锈钢具有独特的表面。而且，如果损坏了表层，所暴露出的钢表面会和大气反应进行自我修理，重新形成这种氧化物"钝化膜"，继续起保护作用。

因此，所有的不锈钢都具有一种共同的特性，即铬含量均在10.5%以上。

我们的身体为什么需要"铁"?

铁是人体必需微量元素,人体内铁的总含量约 4~5 克,是血红蛋白的重要部分。人全身都需要它,这种矿物质而已存在于向肌肉供给氧气的红细胞中,还是需多酶和免疫系统化合物的成分,人体从食物中摄取所需的大部分铁,并小心控制着铁含量。

我们的身体为什么会需要铁呢?

1. 铁是血红蛋白的重要部分,而血红蛋白的功能是向细胞输送氧气,并将二氧化碳带出细胞。血红蛋白中 4 个血红素和 4 个球蛋白链接的结构提供一种有效机制,即能与氧结合而不被氧化,在从肺输送氧到组织的过程中起着关键作用。

2. 肌红蛋白是由一个血红素和一个球蛋白链组成,仅存在于肌肉组织内,基本功能是在肌肉中转运和储存氧。

3. 细胞色素是一系列血红素的化合物,通过其在线粒体中的电子传导作用,对呼吸和能量代谢有非常重要的影响,如细胞 a、b 和 c 是通过氧化磷酸化作用产生能量所必需的。

4. 其他含铁酶中铁可以是非血素铁,参与能量代谢的 NAP 脱氢酶和琥珀脱氢酶,也有含血红素铁的对氧代谢副产物分子起反应的氢过氧化物酶,还有多氧酶(参与三羟酸循环),磷酸烯醇丙酮

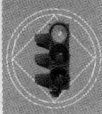

酸羟激酶（糖产生通路限速酶），核苷酸还原酶（DNA 合成所需的酶）。

5. 铁元素催化促进 β – 胡萝卜素转化为维生素 A、嘌呤与胶原的合成，抗体的产生，脂类从血液中转运以及药物在肝脏的解毒等。铁与免疫的关系也比较密切，有研究表明，铁可以提高机体的免疫力，增加中性白细胞和吞噬细胞的吞噬功能，同时也可使机体的抗感染能力增强。阿胶是我国传统的补血配方，乳酸亚铁是很好的二价补铁制剂，市场上很多补血产品将它们单独作为配方来用。而铁之缘片是将乳酸亚铁、阿胶和蛋白锌都作为功效成分，补铁、生血加营养三效合一，能更好地预防和改善贫血，增强人体免疫力。

铁在食物中主要存在两种形式：一是非血红素铁，主要存在于食物中。这种形式的铁必须在胃酸作用下，还原成亚铁离子后才能被吸收。影响其吸收因素较多，如饮食中含有较多植酸盐、草酸盐、碳酸基，与铁形成不溶性铁，抑制铁的吸收。谷类中铁的吸收率低，原因就在于此。服用过多的抗酸药物，亦不利于铁离子的释出，阻碍铁的吸收。

二是血红素铁，是与血红蛋白、肌红蛋白中卟啉结合的铁。它以卟啉铁形式直接被肠黏膜上皮细胞吸收。此类型铁既不受植酸根等抑制因素影响，也不受维生素 C 等促进因素影响，使胃黏膜分泌的内因子有促进其吸收作用。

此外也有很多因素对铁的吸收有益。维生素 C 可与铁形成可溶性混合物，使铁在高 pH 条件下也能呈溶解状态有利于铁的吸收。

动物蛋白质如牛肉、猪肉、肝脏、鱼等存在肉类因子，也可促进铁的吸收，但牛奶、蛋类无此作用。在有充足膳食钙存在时，可除去抑制铁吸收的磷酸根、草酸根，亦有利于铁的吸收。

总的来看，植物性食物铁的吸收率较低，多在10%以下，动物性食物吸收率较高，但牛奶为贫铁食物，蛋类中由于存在卵黄高磷蛋白铁吸收率亦较低。为了防止缺铁的形成，日常膳食中应多搭配动物肝脏、动物全血、肉类、鱼类等。

空调是怎么制冷的？

空调即空气调节器（roomairconditioner），挂式空调是一种用于给空间区域（一般为密闭）提供处理空气的机组。它的功能是对该房间（或封闭空间、区域）内空气的温度、湿度、洁净度和空气流速等参数进行调节，以满足人体舒适或工艺过程的要求。

在空调设计与制造中，一般允许将温度控制在 16 ~ 32℃ 之间。如若温度设定过低，一方面增加不必要的电力消耗；另一方面造成室内外温差偏大，人们进出房间不能很快适应温度变化，容易患感冒。

那么，空调是如何制冷的呢？

压缩机将气态的制冷剂压缩为高温高压的液态制冷剂，然后送

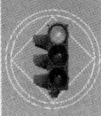

到冷凝器（室外机）散热后成为常温高压的液态制冷剂，所以室外机吹出来的是热风。

然后到毛细管，进入蒸发器（室内机），由于制冷剂从毛细管到达蒸发器后空间突然增大，压力减小，液态的制冷剂就会汽化，变成气态低温的制冷剂，从而吸收大量的热量，蒸发器就会变冷。室内机的风扇将室内的空气从蒸发器中吹过，所以室内机吹出来的就是冷风。空气中的水蒸气遇到冷的蒸发器后就会凝结成水滴，顺着水管流出去，这就是空调会出水的原因。

然后气态的制冷剂回到压缩机继续压缩，继续循环。

制热的时候有一个叫四通阀的部件，使制冷剂在冷凝器与蒸发器的流动方向与制冷时相反，所以制热的时候室外吹的是冷风，室内机吹的是热风。

其实就是利用的初中物理里学到的液化（由气体变为液体）时要排出热量和汽化（由液体变为气体）时要吸收热量的原理。

怎么用空调才省电?

1. 不要贪图空调的低温, 温度设定适当即可。因为空调在制冷时, 设定温度高 2℃, 就可节电 20%。对于静坐或正在进行轻度劳动的人来说, 室内可以接受的温度一般在 27℃ ~ 28℃ 之间。

2. 过滤网要经常清洗。太多的灰尘会塞住网孔, 使空调加倍费力。

3. 改进房间的维护结构。对一些房间的门窗结构较差, 缝隙较大的, 可做一些应急性改善。如用胶水纸带封住窗缝, 并在玻璃窗外贴一层透明的塑料薄膜、采用遮阳窗帘, 室内墙壁贴木制板或塑料板, 在墙外涂刷白色涂料等, 以减少通过外墙带来的冷气损耗。

4. 选择制冷功率适中的空调。一台制冷功率不足的空调, 不仅不能提供足够的制冷效果, 而且由于长时间不断地运转, 还会减短空调的使用寿命, 增加空调产生使用故障的可能性。另外, 如果空调的制冷功率过大, 就会使空调的恒温器过于频繁地开关, 从而导致对空调压缩机的磨损加大, 同时, 也会造成空调耗电的增加。

5. 空调制冷时, 导风板的位置调置为水平方向, 制冷的效果会更好。

6. 连接室内机和室外机的空调配管短且不弯曲，制冷效果好且不费电。即使不得已必须弯曲的话，也要保持配管处于水平位置。

保险丝是怎么保证我们的
用电安全的？

保险丝（fuse）也被称为温度保险丝，IEC127 标准将它定义为"熔断体（fuse－link）"。它是一种安装在电路中，保证电路安全运行的电器组件。保险丝是由电阻率比较大而熔点较低的银铜合金制成的导线。最初用铅锑合金做的保险丝已因安全原因被淘汰。

最早的保险丝于一百多年前由爱迪生发明。由于当时的工业技术不发达，白炽灯很贵重，所以，最初是将它用来保护价格昂贵的白炽灯的。

当电路发生故障或异常时，伴随着电流不断升高，并且升高的电流有可能损坏电路中的某些重要器件或贵重器件，也有可能烧毁电路甚至造成火灾。保险丝保护电子设备不受过电流的伤害，也可避免电子设备因内部故障所引起的严重伤害。因此，每个保险丝上皆有额定规格，当电流超过额定规格时保险丝将会熔断。

若电路中正确地安置了保险丝，那么，保险丝就会在电流异常升高到一定的高度的时候，自身熔断切断电流，从而起到保护电路安全运行的作用。

一般保险丝由三部分组成：一是熔体部分，它是保险丝的核心，熔断时起到切断电流的作用，同一类、同一规格保险丝的熔体，材质要相同、几何尺寸要相同、电阻值尽可能的小且要一致，最重要的是熔断特性要一致；二是电极部分，通常有两个，它是熔体与电路连接的重要部件，它必须有良好的导电性，不应产生明显的安装接触电阻；三是支架部分，保险丝的熔体一般都纤细柔软，支架的作用就是将熔体固定并使三个部分成为刚性的整体便于安装、使用，它必须有良好的机械强度、绝缘性、耐热性和阻燃性，在使用中不应产生断裂、变形、燃烧及短路等现象。

保险丝的分断能力：当介于常规不熔断电流与相关标准规定的额定分断能力（的电流）之间的电流作用于保险丝时，保险丝应能满意地动作，而且不会危及周围环境。保险丝被安置的电路的预期故障电流必须小于标准规定的额定分断能力电流，否则，当故障发生保险丝熔断时，会出现持续飞弧、引燃、保险丝烧毁、连同接触件一起熔融、保险丝标记无法辨认等现象。当然，劣质保险丝的分断能力达不到标准规定的要求，使用时同样会发生上述的危害。

电力电路及大功率设备所使用的保险丝，不仅有一般保险丝的三个部分，而且还有灭弧装置。因为这类保险丝所保护的电路不仅工作电流较大，而且当熔体发生熔断时其两端的电压也很高，往往会出现熔体已熔化（熔断）甚至已汽化，但是电流并没有切断的现象，其原因就是熔断的一瞬间在电压及电流的作用下，保险丝的两

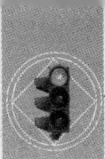

电极之间发生拉弧现象。这个灭弧装置必须有很强的绝缘性与很好的导热性，且呈负电性。石英砂就是常用的灭弧材料。

另外，还有一些保险丝有熔断指示装置，它的作用就是当保险丝动作（熔断）后其本身发生一定的外观变化，易于被维修人员发现，例如，发光、变色、弹出固体指示器等。

我们都知道，当电流流过导体时，因导体存在一定的电阻，所以导体将会发热。且发热量遵循着公式：$Q = 0.24I_2RT$；其中 Q 是发热量，0.24 是一个常数，I 是流过导体的电流，R 是导体的电阻，T 是电流流过导体的时间。以此公式我们不难看出保险丝的简单的工作原理了。

保险丝的材料及其形状确定了，其电阻 R 就相对确定了（若不考虑它的电阻温度系数）。当电流流过时，它就会发热，随着时间的增加其发热量也在增加。电流与电阻的大小确定了产生热量的速度，保险丝的构造与其安装的状况确定了热量耗散的速度，若产生热量的速度小于热量耗散的速度时，保险丝是不会熔断的。若产生热量的速度等于热量耗散的速度时，在相当长的时间内它也不会熔断；若产生热量的速度大于热量耗散的速度时，那么产生的热量就会越来越多。又因为它有一定的比热及质量，其热量的增加就表现在温度的升高上，当温度升高到保险丝的熔点以上时，保险丝就发生了熔断。这就是保险丝的工作原理。我们从这个原理中应该知道，在设计制造保险丝时必须认真地研究你所选材料的物理特性，并确保它们有一致的几何尺寸。因为这些因素对保险丝能否正常工作起至关重要的作用。同样，在使用它的时候，一定要正确地安装它。

白炽灯泡为什么会发光?

在灯泡发明之前，在太阳下山后想要照明一个地方可是一个费劲而危险的事情，要用蜡烛或者火把来照明。虽然当时的油灯还算不错，但它总是会留下烟灰。

18 世纪中期电气科学真正有了发展，当时发明家大声疾呼要发明一个实用的家庭照明的装置。英国发明家斯万和美国发明家爱迪生在 1897 年发明了电灯泡，现代的电灯泡与当年爱迪生发明的电灯泡没有本质上的改变，只是多了一些部件。

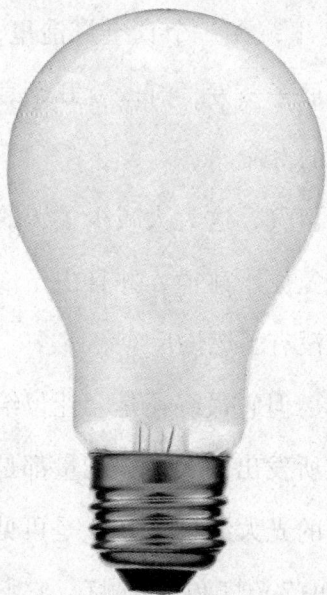

灯泡的结构非常简单。在它的底部有两个金属接触点，是用来连接电的。金属接触点有两条接触到一个薄金属灯丝的线。灯丝处在灯泡的中央，由一个玻璃支撑住。线和灯丝都包在充满惰性气体的玻璃灯泡的里面，通常都是氩惰性气体。当灯泡连上电源的时候，电流就会从其中一个接触点，流到另一个接触点，然后再流到线和灯丝。实心导体线电流中的大量自由

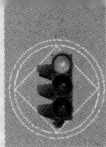

电子从负极带电区移动到正极带电区。振动原子的跳跃电子可能暂时被推到一个更高的能量位置。当它们落回原始正常位置的时候，电子就会以光子形式释放出额外能量。金属原子释放大部分的红外线可见光子，人们的眼睛是可以看见的。但如果它们被加热到大约4000华氏温度的时候灯泡就会发出大量的可见光。

几乎在所有的白炽灯泡都用到钨，因为它是最理想的灯丝材料。金属必须要加热到极高的温度才会发出有用可见光。实际上大多数金属在达到这个温度之前都会熔化，而钨丝却有着不寻常的高熔化温度。但钨丝在这么高的温度时会起火，如果在条件允许下，两种化学物之间就会产生反应而引起燃烧，灯泡里的灯丝是由一个密封、无氧空间覆盖来防止燃烧的。把灯泡里的空气都吸出来创造一个接近真空的状态——就是说里面没有任何物质。由于几乎没有任何气体物质在里面，所以物质就不会燃烧。这个方法存在一个问题就是钨原子蒸发作用。在这么高的温度里，在一个真空灯泡里，自由钨原子以直线射出。随着越来越多的原子蒸发，灯丝就开始衰变并且玻璃开始变黑。这大大减少了灯泡的寿命。

在现代灯泡里使用的惰性气体通常是氩气，这大大减少了钨的损失。当一个钨原子蒸发，它就会和一个氩原子碰撞，并且由于惰性气体通常都不和其他元素反应，所以就没有了燃烧反应。

灯泡仍然是室内最受欢迎的照明选择。但它最终还是会让位给更先进的技术，因为不够节能。白炽灯泡所发出的大多数能量都是以带热红外线可见光子方式发出的，产生的光大约只有10%是可见光谱。这浪费了很多电力。暖光源，比如荧光灯和LED灯，它们并不浪费大量能量产生热并且发出大部分可见光。因此，它们会慢慢地取代灯泡。

为什么烟花能绽放出美丽的图案?

　　烟花的化学原理，其实和爆竹大同小异，其结构都包含黑火药和药引。点燃烟花后，发生化学反应引发爆炸，而爆炸过程中所释放出来的能量，绝大部分转化成光能呈现在我们眼前。制作烟花的过程中加入一些发光剂和发色剂能够使烟花放出五彩缤纷的颜色。

　　发光剂是金属镁或金属铝的粉末。当这些金属燃烧时，会发出白炽的强光。发色剂其实只不过是一些金属化合物。金属化合物含有金属离子。当这些金属离子燃烧时，会放出独特的火焰颜色。不同种类的金属化合物在燃烧时，会发放出不同颜色的光芒。举例说，氯化钠和硫酸钠都属于钠的化合物，它们在燃烧时便会发

出金黄色火焰。同样道理，硝酸钙和碳酸钙在燃烧时会发出砖红色火焰。在化学科，我们常常会运用以上结果来测试物质中所含的金属。这种类型的实验称为焰色试验（flame test）。烟花便是利用金属的这种特性制成的。制作烟花的人经过巧妙的排列，决定燃烧的先后次序。这样，烟花引爆后，便能在漆黑的天空中绽放出鲜艳夺目、五彩缤纷的图案了。

焰火要飞得高炸得开，效果才会好。所以，礼花弹中填充了大量用于发射以及爆炸的火药，只有这样才能达到好的表演效果。例如，一个直径为 20 厘米的礼花弹在发射后，要上升到大概 200 米的高空才会爆炸开来，让我们欣赏到五颜六色的星星点点，而这些星星点点覆盖的半径大约有 80 米左右。

不要小看这些星星点点，它们的温度可不低。在发光发亮时，它们的温度能超过 1000℃！正是在这样的高温下，礼花弹中填充的各种特制金属材料才能吸收到足够的能量，发出绚丽的光芒，这就是中学常讲的焰色反应。正是因为不同的金属原离子在高温下能够发出不同颜色的光，我们才能看到颜色各异的焰火。

不过，焰色反应有一个很严重的缺点，就是通常需要高温。所以，我们看到焰火晚会中的点点焰火，温度都是非常高的。一般在工艺中，我们使用金属可燃物来达到这样的温度，比如说铝、镁等。铝燃烧时放出的热量很多，甚至可以将铁熔化（熔点大约 1500℃）。即使焰火的残渣掉到地上时，内部温度也可以达到 300℃，绝不仅仅是"有点烫"而已。所以，规定一个安全距离是非常重要的。

门上猫眼的用途是什么呢？

猫眼，又称门镜，是装在住宅户门上的一种小型光学仪器，便于居民观察户外情况。已成为居家安全的必需品。

它由一块凹透镜（物镜）和一块凸透镜目镜组成。物镜的焦距极短，它使室外的人或物成正立缩小的虚像，此像正好落在目镜的焦点以内，最后得到一个放大的正立虚像，此像恰又成在人眼的明视距离附近，对门外的情况就看得清楚了。

从室内通过门镜向外看，能看清门外视场角约为120°范围内的所有景象，而从门外通过门镜却无法看到室内的任何东西。若在公房或私寓等处的大门上，装上此镜，对于家庭的防盗和安全，能发挥一定的作用。

霓虹灯是怎样发明的？

霓虹灯是城市的美容师，每当夜幕降临时，华灯初上，五颜六色的霓虹灯就把城市装扮得格外美丽。那么，霓虹灯是怎样发明的呢？

据说，霓虹灯是英国化学家拉姆赛在一次实验中偶然发现的。那是 1898 年 6 月的一个夜晚，拉姆赛和他的助手正在实验室里进行实验，目的是检查一种稀有气体是否导电。

拉姆赛把一种稀有气体注射到真空玻璃管里，然后把封闭在真

空玻璃管中的两个金属电极连接到高压电源上，聚精会神地观察这种气体能否导电。

突然，一个意外的现象发生了：注入真空管的稀有气体不但开始导电，而且还发出了极其美丽的红光。这种神奇的红光使拉姆赛和他的助手惊喜不已，他们打开了霓虹世界的大门。

拉姆赛把这种能够导电并且发出红色光的稀有气体命名为氖气。后来，他继续对其他气体导电和发出有色光的特性进行实验，相继发现了氚气能发出白色光，氩气能发出蓝色光，氦气能发出黄色光，氮气能发出深蓝色光……不同的气体能发出不同的色光，五颜六色，犹如天空美丽的彩虹。霓虹灯也由此得名。

制造霓虹灯的办法，是采用低熔点的钠——钙硅酸盐玻璃做灯管，根据需要设计不同的图案和文字，用喷灯进行加工，然后烧结电极，再用真空泵抽空，并根据要求的颜色充进不同的稀有气体而制成。现在制造的霓虹灯更加精致，有的将玻璃管弯曲成各种各样的形状，制成更加动人的图形；还有的在灯管内壁涂上荧光粉，使颜色更加明亮多彩；有的霓虹灯装上自动点火器，各种颜色的光次第明灭，交相辉映，使城市之夜变得绚丽多彩。

霓虹灯自 1910 年问世以来，历经百年不衰。它是一种特殊的低气压冷阴极辉光放电发光的电光源，而不同于其他诸如荧光灯、高压钠灯、金属卤化物灯、水银灯、白炽灯等弧光灯。霓虹灯是靠充入玻璃管内的低压惰性气体，在高压电场下冷阴极辉光放电而发光。霓虹灯的光色由充入惰性气体的光谱特性决定：光管型霓虹灯充入氖气，霓虹灯发红色光；荧光型霓虹灯充入氩气及汞，霓虹灯

发蓝色、黄色等光，这两大类霓虹灯都是靠灯管内的工作气体原子受辐射发光。与其他电光源相比，霓虹灯具有以下特点：

1. 高效率

霓虹灯是依靠灯光两端电极头在高压电场下将灯管内的惰性气体击燃，它不同于普通光源必须把钨丝烧到高温才能发光，造成大量的电能以热能的形式被消耗掉。因此，用同样多的电能，霓虹灯具有更高的亮度。

2. 温度低，使用不受气候限制

霓虹灯因其冷阴极特性，工作时灯管温度在60℃以下，所以能置于露天日晒雨淋或在水中工作。同样因其工作特性，霓虹灯光谱具有很强的穿透力，在雨天或雾天仍能保持较好的视觉效果。

3. 低能耗

在技术不断创新的时代，霓虹灯的制造技术及相关零部件的技术水平也在不断进步。新型电极、新型电子变压器的应用，使霓虹灯的耗电量大大降低，由过去的每米灯管耗电56瓦降到现在的每米灯管耗电12瓦。

4. 寿命长

霓虹灯在连续工作不断电的情况下，寿命达1万小时以上，这一优势是其他任何电光源都难以达到的。

5. 制作灵活，色彩多样

霓虹灯是由玻璃管制成的，经过烧制，玻璃管能弯曲成任意形状，具有极大的灵活性。通过选择不同类型的玻璃管并充入不同的惰性气体，霓虹灯能得到五彩缤纷、多种颜色的光。

6. 动感强，效果佳，经济实用

霓虹灯画面由常亮的灯管及动态发光的扫描管组成，可设置为跳动式扫描，渐变式扫描、混色变色七种颜色扫描。扫描管由装有微电脑芯片编程的扫描机控制，扫描管按编好的程序或亮或灭，组成一幅幅流动的画面，似天上彩虹，像人间银河，更酷似一个梦幻世界，引人入胜，使人难以忘怀。因此，霓虹灯是一种投入较少、效果较佳、经济实用的广告形式。

霓虹灯是一种冷阴极辉光放电管，其辐射光谱具有极强的穿透大气的能力。色彩鲜艳绚丽，发光效率明显优于普通的白炽灯，它的线条结构表现力丰富，可以加工弯制成任何几何形状，满足设计要求。通过电子过程控制，可变换色彩的图案和文字受到人们的欢迎。

霓虹灯的亮、美、动的特点，是目前任何电光源所不能替代的，在各类新型光源不断涌现和竞争中独领风骚。

锁与钥匙是怎么发明的？

原始人过着穴居的生活时，为了安全，有时要推动巨石来挡住洞口，它所防备的也并不是小偷而是野兽。私有制出现后，小偷出现了，于是锁也就诞生了。

　　远在 3000 多年前，中国就有了锁。不过，最早的锁没有机关，只是做成老虎等凶恶动物的形状，想借以把小偷吓走，只能说是一种象征性的锁。

　　据说鲁班是第一个给锁装上机关的人。从出土文物及文字记载所反映的情况看，古代的锁是靠两片板状弹簧的弹力工作。直到现在，这种弹簧仍在应用。

　　古代的埃及人是世界上最早使用钥匙的。他们的锁是把一条木制门栓插入一个槽中，槽沟顶部有一个木制栓。门栓插入槽沟后，木制栓便会插入门栓的孔。这样一来，门栓便很牢固，必须用钥匙才能打开。

　　由于埃及人的锁只能用在有门栓的那一面，不利于灵活地开与关。于是，希腊人在此基础上，又研究出一种可以从另一面打开的锁。希腊人所制的钥匙，是一根弯曲的木棒，形状和大小很像农夫用的小镰刀。但是也有一些钥匙长达 3 尺，必须扛在肩上才能搬动，相当沉重。

　　古代印度人则制成了另一种鸟形的"迷锁"，钥匙孔藏在可以抖动的翅膀里。现代锁首先是由 18 世纪英国人发明的"焊钓锁"。我们目前广泛使用的弹子锁，是美国人小尼鲁斯·耶鲁于 1860 年发明的。

　　罗马人可以说是古代最精巧的锁匠，他们对制造钥匙的标准相当有研究，已经懂得把钥匙末端的钉子切割成各种不同的形状。

为什么一发出声音声控灯就亮了？

　　声控灯是一种声控的电子照明装置，声控灯由话筒、音频放大器、选频电路、倍压整流电路、鉴幅电路、恒压源电路、延时开启电路、可控延时开关电路、可控硅电路组成。

　　而声控灯有一种有趣的现象，那就是光线充足时，任你发出多大的声音都不亮；但在黑夜，轻轻一声它就发出了亮光，这是为什么呢？原来声控灯是光控电路，以使其在光线足够的时候不工作，所以声控灯的控制盒是声、光同时控制的，在光亮度能达到的情况下，灯不会亮。你可以做一个小实验，你可以用手遮挡声控开关的光控原件，然后再发出声音，灯就会亮了。

　　光控电子开关，它的"开"和"关"是靠可控硅的导通和阻断来实现的，而可控硅的导通和阻断又是受自然光的亮度（或人为亮度）的大小所控制的。该装置适合作为街道、宿舍走廊或其他公共场所照明灯，起到日熄夜亮的控制作用，以节约用电。

自动扶梯是如何输送乘客的？

自动扶梯是带有循环运行梯级，用于向上或向下倾斜输送乘客的固定电力驱动设备。

自动扶梯是由一台特殊结构形式的链式输送机和两台特殊结构形式的胶带输送机所组合而成的，带有循环运动梯路，用以在建筑物的不同层高间运载人员上下的一种连续输送机械。

自动扶梯由梯路（变型的板式输送机）和两旁的扶手（变型的带式输送机）组成。其主要部件有梯级、牵引链条及链轮、导轨系统、主传动系统（包括电动机、减速装置、制动器及中间传动环节等）、驱动主轴、梯路张紧装置、扶手系统、梳板、扶梯骨架和电气系统等。梯级在乘客入口处做水平运动（方便乘客登梯），以后逐渐形成阶梯；在接近出口处阶梯逐渐消失，梯级再度做水平运动。这些运动都是由梯级主轮、辅轮分别沿不同的梯级导轨行走来实现的。

自动扶梯的主要参数有：

提升高度：一般在 10 米以内，特殊情况可达到几十米。

倾斜角度：一般为 30°、35°。

速度：一般为 0.5 米/秒，有的梯型可达到 0.65 米/秒、0.75

米/秒。

梯级宽度：600 毫米、800 毫米、1000 毫米。

理论输送能力：按照速度 0.5 米/秒计算，不同梯级宽度的输送能力相应为 4500 人/时、6750 人/时、9000 人/时。

梯级节距和牵引链节距等。

广泛用于人流集中的地铁、车站、机场、码头、商店及大厦等公共场所的垂直运输。其结构主要由梯级、梯级驱动装置、驱动主机、传动部件、紧张装置、扶手装置、金属结构、梯级导轨、上下盖板、梳齿板、安全装置及电气部分等部件组成。

1900 年，巴黎国际博览会展出的一台阶梯状动梯是现代自动扶梯的雏形。以后，自动扶梯在各国得到迅速发展。

使用微波炉有哪些禁忌？

微波炉，顾名思义，就是用微波来煮饭烧菜的。微波炉是一种用微波加热食品的现代化烹调灶具。

使用微波炉是很方便的，但是你知道微波炉的使用有哪些必须知道的禁忌吗？我们在日常生活中必须牢记这些禁忌，不然可能会造成不可想象的后果。

1. 忌用容器

忌用普通塑料容器：一是热的食物会使塑料容器变形，二是普通塑料会释放出有毒物质，污染食物，危害人体健康。忌用金属器皿：因为放入炉内的铁、铝、不锈钢、搪瓷等器皿，微波炉在加热时会与之产生电火花并反射微波，既损伤炉体又不能加热食物。忌用封闭容器：加热液体时应使用广口容器，因为在封闭容器内食物加热产生的热量不容易散发，使容器内压力过高，易引起爆破事故。忌用瓶颈窄小的瓶装食物：就算打开了盖亦因压力而膨胀，引致爆炸。忌用半满开了盖的瓶装婴儿食物或原瓶放入炉内加热，以免瓶子破裂。凡竹器、漆器等不耐热的容器，有凹凸状的玻璃制品，均不宜在微波炉中使用。瓷制碗碟不能镶有金、银花边。要使用专门的微波炉器皿盛装食物放入微波炉中加热。

2. 忌超时加热

食品放入微波炉解冻或加热，若忘记取出，如果时间超过 2 小时，则应丢掉不要，以免引起食物中毒。微波炉的加热时间要视材料及用量而定，还和食物新鲜程度、含水量有关。由于各种食物加热时间不一，故在不能肯定食物所需加热时间时，应以较短时间为宜。加热后可视食物的生熟程度再追加加热时间。否则，如时间太长，会使食物变得发硬，失去香、色、味，甚至产生毒素。按照食物的种类和烹饪要求，调节定时及功率（温度）旋钮，可以仔细阅读说明书，加以了解。

3. 忌将肉类加热至半熟后再用微波炉加热

因为在半熟的食品中细菌仍会生长，第二次再用微波炉加热时，由于时间短，不可能将细菌全部杀死。冰冻肉类食品须先在微波炉中解冻，然后再加热为熟食。

4. 忌再冷冻经微波炉解冻过的肉类

因为肉类在微波炉中解冻后，实际上已将外面一层低温加热了，在此温度下细菌是可以繁殖的，虽再冷冻可使其繁殖停止，却不能将活菌杀死。已用微波炉解冻的肉类，如果再放入冰箱冷冻，必须加热至全熟。

5. 忌油炸食品

因高温油会发生飞溅导致火灾。如万一不慎引起炉内起火时，切忌开门，而应先关闭电源，待火熄灭后再开门降温。

6. 忌将微波炉置于卧室

不要将微波炉放在卧室。同时应注意不要用物品覆盖微波炉上的散热窗栅。

7. 忌长时间在微波炉前工作

开启微波炉后，人应远离微波炉或人距离微波炉至少在 1 米之外。

8. 忌与其他电器共享同一插座

要用单一电源而且装接了地线的插座。

9. 忌用微波炉热婴儿的牛奶

因为牛奶热得不均匀时，容易灼伤婴儿。

10. 忌用微波炉去烘干衣服

不能用微波炉烘干衣服，或者把硬化的指甲油煮软，以防起火。

11. 忌徒手去移出微波炉内的食物

盛器及盖子加热后往往积聚了蒸汽，又会吸收食物的热气，而变得十分烫手，应该用防热手套或垫子，以防灼伤。

另外，微波炉由于烹饪的时间很短，对食物营养的破坏相当有限，能很好地保持食物中的维生素和天然风味。而且微波食物中矿物质、氨基酸的存有率也比其他烹饪方法高。比如，用微波炉煮青豌豆，可以使维生素 C 几乎一点都不损失。另外，微波还可以消毒杀菌。

微波炉不适合烹饪含盐量高的食品，应尽量减少用盐量，这样可避免烹饪的食物外熟内生。

微波炉不适合烹饪大块食物，最好将食物切成 5 厘米以下的小块。食品形状越规则，微波加热越均匀。

如何正确使用洗衣机？

洗衣机是利用电能产生机械作用来洗涤衣物的清洁电器。

洗衣机无疑是我们日常生活中最好的帮手，可是如果你对它不好的话，它也随时变得很"逆叛"，不听使唤，譬如衣服洗得不干净，会发出高声的"抗议"等。所以使用过程中，你不能忽略洗衣机的"感受"，要小心使用，才能让它提供更好的服务。近日，记者就向国美电器有关负责人讨得几招，让大家知道怎样才可以让洗衣机更"听话"。

首先，洗衣机的保养分两种状态，工作状态与非工作状态，要分别对待。洗衣前要仔细阅读洗衣机说明书，尽量按其要求操作，然后检查衣物是否适合放进洗衣机清洗，确保里面没有金属、硬币、钥匙等硬物，并将拉链拉上，以免对洗衣机造成损坏。同时要注意所洗涤的衣物不能超过洗衣机的容量，因为过重会增加电机的负担，或会造成皮带断裂，而减少洗衣机的寿命。在非工作状态下，要保持洗衣机的干燥，擦干外壳，打开门盖，让水蒸发，而洗衣机盖上不能堆放重物和发热的物品。而且要将洗衣机放在干爽、通风的地方，摆放的位置要平稳，远离汽油、酒精等易燃品。用软布经常擦拭洗衣机，特别脏时，可用浸有中性肥皂或肥皂水的软布进行擦拭，千万不要用稀释剂、煤油、酒精等清洁，且要定期清洗过滤网，用清水去除里面的线屑或落下的异物。平时要把洗衣机的插头拔掉，以免造成危险。

如果想把衣服洗得更干净，就要分开洗，如内衣外衣、深色浅色要分开，袜子和其他衣物也不要一起洗涤。洗衣服前最好用洗衣粉提前浸泡 20 分钟，让洗衣粉发挥最大的洗涤效果。而在冬天，最好用不超过 45℃（温度太高可能会损伤洗衣机筒）的温水洗衣服，可提高洗净度。

此外，如果你的洗衣机是个"大嗓门"，则有可能是洗衣机安装不平，调好水平位置即可。更多的时候是因为机械磨损、缺乏润滑油、机件老化、弹簧疲劳变形、皮带过紧或松弛、电动机轴承或传动轴和轴承严重磨损或碎裂等各种因素造成的，应该请专业人员尽早维修。

十二生肖中为何没有"猫"这一属相？

十二生肖是代表地支的十二种动物，常用来记人的出生年。十二生肖中除了龙以外基本上都是生活中比较常见的动物，可是为什么没有猫这种动物呢？

十二生肖的说法源于干支纪年法，传说产生于夏，但没有确凿的证据。可以考证的是，在汉代，十二生肖与地支的相配体系已经固定下来了。在汉代以前，我国还没有真正意义上的家猫，无

论是《礼记》中所说的山猫，还是《诗经》中"有熊有罴，有猫有虎"的豹猫，都是生活在野外的野生猫。

我们今天饲养的家猫的祖先，据说是印度的沙漠猫。印度猫进入中国的时间，大约始于汉明帝，那正是中印交往通过佛教而频繁起来的时期。因此，猫来到中国的时间，距离干支纪年法的产生，恐怕已相差千年了，所以来晚了的猫自然没有被纳入十二生肖中。

人为什么会中暑呢？

中暑是指在高温和热辐射的长时间作用下，机体产生体温调节障碍，水、电解质代谢紊乱及神经系统功能损害的症状的总称。颅脑疾患的病人，老弱及产妇等耐热能力差者，尤易发生中暑。中暑是一种威胁生命的急诊病，若不给予及时有效的治疗，可引起抽搐、永久性脑损害、肾脏衰竭，甚至死亡。核心体温（coretemperature）达41℃是后严重的体征，体温若再略为升高一点则常可致死。老年、衰弱和酒精中毒可加重。

在炎热的三伏天，人们若是在烈日下劳动或是进行体育比赛，往往会有人突然昏倒，不省人事，严重的还会出现发烧、抽筋等症状，这就是中暑了。

人为什么会中暑呢？虽然中暑的发生看来比较突然，它却是逐步形成的。因为人体每时每刻都在通过出汗向外散热，劳动和运动时出汗多、散发的热量也多。

在通常情况下，大气的温度低于人体的温度，人体的热量就能散发到大气中去。要是在酷热的阳光下，气温很高，人体内部的热就散发不出去了。大量的热积聚在体内，就形成了中暑的条件，再加上出汗过多，体内的水分和盐分消失过多，就会引起中暑。

中暑对人的机体有很大的损害。所以，在夏天或高温环境里劳动，必须注意通风降温。

遇到中暑的人应该立刻把他抬到阴凉的地方，解开他的衣服，用凉水擦他的身体，用冷湿毛巾敷在头部，帮助他降温。如果脸色苍白、昏迷不醒，就应该赶快送到医院抢救。

因此，在高温酷热的夏天，如果在阳光下工作，必须戴上遮阳帽，避免烈日直晒头部。多喝一些淡盐开水、汽水等清凉饮料以防中暑。

我们是怎么利用回声的？

声波在传播过程中，碰到大的反射面（如建筑物的墙壁等）在界面将发生反射，人们把能够与原声区分开的反射声波叫做回声。

人耳能辨别出回声的条件是反射声具有足够大的声强，并且与

原声的时差须大于 0.1 秒。当反射面的尺寸远大于入射声波长时，听到的回声最清楚。

关于回声的应用，声纳装置可谓典型。用回声测海深、测冰山的距离和敌方潜艇的方位，都是由不同功能的声纳装置完成的。

1912 年，英国大商船泰坦尼克号在赴美途中发生了与冰山相撞沉没的悲剧。这次大的海难事件引起了全世界的关注。为了寻找沉船，美国科学家设计并制造出第一台测量水下目标的回声探测仪，用它在船上发出声波，然后用仪器接收障碍物反射回来的声波信号。测量发出信号和接收信号之间的时间，根据水中的声速就可以计算出障碍物的距离和海的深浅。第一台回声探测仪于 1914 年成功地发现了 3 千米以外的冰山。实际上这就是现在被广泛应用于国防、海洋开发事业的声纳装置的雏形。

第一次世界大战时，德国潜水艇击沉了协约国大量战舰、船只，几乎中断了横跨大西洋的海上运输线。当时潜水艇潜在水下，看不见，摸不着，一时横行无敌。于是利用水声设备搜寻潜水艇和水雷就成了关键的问题。法国著名物理学家郎之万等人研究并制造出了第一部主动式声纳，1918 年在地中海首次接收到 2 ~ 3 千米以外的潜水艇回波。这种声纳可以向水中发射各种形式的声信号，碰到需要定位的目标时产生反射回波，接收回来后进行信号分析、处理，除掉干扰，从而显示出目标所在的方位和距离。

第二次世界大战期间，由于战争需要声纳装置更趋完善。战后，人们开始实验使用军舰上的声响探测鱼群。不但测到了鱼群，而且还能分辨出鱼的种类和大小。人们在此基础上研制出各种鱼探机，极大地促进了渔业的发展。

回声在地质勘探中也有广泛的应用。例如在石油勘探时，常采用人工地震的方法，即在地面上埋好炸药包，放上一列探头，把炸药引爆，探头就可以接收到地下不同层间界面反射回来的声波，从而探测出地下油矿。

在建筑方面，设计、建造大的厅堂时，必须把回声现象作为重要因素加以考虑。在封闭的空间里产生声音后，声波就在四壁上不断反射，即使在声源停止辐射后，声音还要持续一段时间，这种现象叫做"混响"。混响时间太长，会干扰有用的声音；但是混响太短也不好，给人以单调、不丰满的感觉。所以设计师们须采取必要的措施，例如，厅堂的内部形状、结构、吸声、隔声等，以获得适量的混响，提高室内的音质。

我们在光下为什么会产生影子？

影子是一种光学现象，影子不是一个实体，只是一个投影。

影子的产生：是由于物体遮住了光线这一科学原理。光线在同种均匀介质中沿直线传播，不能穿过不透明物体而形成较暗的区域，形成的投影就是我们常说的影子（这里说的光是可见光线）。

产生影子的条件：影子形成需光和不透明物体两个必要条件。

影子分本影和半影。

仔细观察电灯光下的影子，会发现影子中部特别黑暗，四周稍浅。影子中部特别黑暗的部分叫本影，四周灰暗的部分叫半影。这些现象的产生都和光的直线传播有密切关系。假如把一个柱形茶叶筒放在桌上，旁边点燃一支蜡烛，茶叶筒就会投下清晰的影子；如果在茶叶筒旁点燃两支蜡烛，就会形成两个相叠而不重合的影子。两影相叠部分完全没有光线射到，是全黑的，这就是本影；本影旁边只有一支蜡烛可照到的地方，就是半明半暗的半影。如果点燃三支甚至四支蜡烛，本影部分就会逐渐缩小，半影部分会出现很多层次。物体在电灯光下能生成由本影和半影组成的影子，也是这个道理。电灯是由一条弯曲的灯丝在发光，不止限于一点。从这一个点射来的光被物体遮住了，从另一些点射过来的光并不一定全被挡住。很显然，发光物体的面积越大，本影就越小。如果我们在上述茶叶筒周围点上一圈蜡烛，这时本影完全消失，半影也淡得看不见了。科学家根据上述原理制成了手术用的无影灯。它将发光强度很大的灯在灯盘上排列成圆形，合成一个大面积的光源。这样，就能从不同角度把光线照射到手术台上，既保证手术视野有足够的亮度，同时又不产生明显的本影，所以取名无影灯。

怎样拥有一双漂亮的眼睛？

眼睛是心灵的窗口，一双年轻漂亮的眼睛，是每个人都梦想的，但是，眼睛长期处于裸露的外界环境下，是最容易老化的一个器官，怎样来保护眼睛呢？

1. 克服不良习惯

很多人属于先天愁眉苦脸型，整天的皱眉、眯眼，使眼部周围皮肤紧张，从而变得松弛，另外过多的面部表情也会使面部包括眼睛周围皮肤松弛老化；长期熬夜，无规律的睡眠，自然也是一个主要的敌人。

2. 食物搭配

要多喝水，保持皮肤的水分充足，小细纹、鱼尾纹、眼袋、黑眼圈、眼睛浮肿是眼部肌肤最容易出现的问题，这些问题的产生有时是因缺水，或循环不良造成水分囤积；经常食用一些胶质性物质，如猪蹄、鸡爪等，以保持皮肤的弹性。

3. 适当选用化妆品

选用一些眼部的护肤品，如眼霜、眼部卸妆液等，并对眼部皮肤进行适当的按摩。

4. 生物保养法

用胡萝卜汁加一些橄榄油涂敷眼周和眼角皱纹处，或于睡前在上述部位敷以维生素 E 油剂，以增强皮肤的抗衰力，减少或减轻皱纹的形成与加深。

5. 生活工作习惯

常在计算机前打字、戴隐形眼镜增加了眼部疲劳，使眼部老化。这种情况除了靠保养品改善外，生活习惯的配合也是十分重要的。

另外，还有一些食物可以防辐射：

（1）富含胶原弹性物质的食品。这一类的代表有海带、紫菜、海参，动物的皮肤、骨髓等，因为食物中的胶原物质有一种黏附作用，它可以把体内的辐射性物质黏附出来排出体外，而且其中动物皮肤所蕴涵的弹性物质还具有修复受损的肌肤的功能。

（2）富含抗氧化活性物质的食品。油菜、青菜、芥菜、卷心菜、萝卜等十字花科蔬菜，不仅是人们餐桌上常见的可口菜肴，而且还具有防辐射损伤的功能。新鲜蔬菜是人体内的"清洁剂"，其奥妙在于蔬菜拥有"秘密武器"——碱性成分，可使血液呈碱性，溶解沉淀于细胞内的毒素，使之随尿液排泄掉。

（3）具有排毒功能的食物。比如猪血、黑木耳等。猪血的血浆蛋白丰富，血浆蛋白经消化酶分解后，可与进入人体的粉尘、有害含辐射的金属微粒发生反应，变成难以溶解的新物质沉淀下来，然后排出体外。黑木耳的最大优势在于可以帮助排出纤维素物质，使这些有害纤维在体内难以立足。这一类食物可以帮助我们把体内的有害物质排出体外，不给辐射物质留下丝毫立足空间。

（4）明目类食物。这一类食物主要是针对长时间面对电脑工作的都市白领、学生等人。计算机对视力危害很大，经常操作计算机的人应多吃些明目食品，如枸杞、菊花、决明子。常喝菊花茶也能收到清心明目的效果；枸杞清肝明目，对保护视力也有很大好处。饮茶能防止视力衰退和恢复视力。国际上普遍认为饮茶有抗辐射的作用，能减少计算机荧光屏 X 射线的辐射危害。茶中富含的茶多酚（50%）和脂多糖等成分可以吸附和捕捉放射性物质并与其结合后排除体外。

（5）保持体内营养的平衡。研究表明，必需脂肪酸，维生素 A、K、E 及 B 族维生素的缺乏均可降低机体对辐射的耐受性，在膳食中应适当供给。仅增加其中任何 1 种维生素，都不能得到预期的营养效果。矿物质的营养平衡问题尤为重要，体内钾、钠、钙、镁等离子浓度须合适，否则不能维持水与电解质平衡，轻者损害健康，重者甚至危及生命。微量元素与其他营养素相互之间的关系也很重要，锌对许多营养素包括蛋白质与维生素的消化、吸收和代谢都有重要影响。当我们受到辐射损伤时，矿物质包括微量元素在内，过量或不平衡，均会产生不良影响。这一类的营养我们可以通过牛奶、蛋、肝、花菜、卷心菜、茄子、扁豆、胡萝卜、黄瓜、西红柿、香蕉、苹果等食物中得到补充。

咖啡起源于何时？

"咖啡"（Coffee）一词源自埃塞俄比亚的一个名叫卡法（Kaf-fa）的小镇，在希腊语中"Kaweh"的意思是"力量与热情"。茶叶、咖啡与可可并称为世界三大饮料。咖啡树是属茜草科常绿小乔木，日常饮用的咖啡是用咖啡豆配合各种不同的烹煮器具制作出来的，而咖啡豆就是指咖啡树果实内的果仁，再用适当的烘焙方法烘焙而成。

关于咖啡的起源有种种不同的传说。其中，最普遍且为大众所乐道的是牧羊人的故事。传说有一位牧羊人，在牧羊的时候，偶然发现他的羊蹦蹦跳跳，仔细一看，原来羊是吃了一种红色的果子才导致举止滑稽怪异。他试着采了一些这种红果子回去熬煮，没想到满室芳香，熬成的汁液喝下以后更是精神振奋，神清气爽。从此，这种果实就被作为一种提神醒脑的饮料，且颇受好评。

古时候的阿拉伯人最早把咖啡豆晒干熬煮后，把汁液当作胃药来喝，认为有助于消化。后来发现咖啡还有提神醒脑的作用，同时由于回教严禁教徒饮酒，于是就用咖啡取代酒精饮料，作为提神的饮料而时常饮用。15 世纪以后，到圣地麦加朝圣的回教徒陆续将咖啡带回居住地，使咖啡渐渐流传到埃及、叙利亚、伊朗和土尔其等国。咖啡进入欧陆当归因于土耳其当时的奥斯曼帝国，由于嗜饮咖啡的奥斯曼大军西征欧陆且在当地驻扎数年之久，在大军最后撤离时，留下了包括咖啡豆在内的大批补给品，维也纳和巴黎的人们得以凭着这些咖啡豆，和从土耳其人那里得到的烹制经验，而发展出欧洲的咖啡文化。战争原是攻占和毁灭，却意外地带来了文化的交流乃至融合，这可是统治者们所始料未及的了。

西方人都烹制咖啡已有 300 年的历史，然而在东方，咖啡在更久远的年代已作为一种饮料在社会各阶层普及。咖啡出现的最早且最确切的时间是公元前 8 世纪，但是早在荷马的作品和许多古老的阿拉伯传奇里，就已记述了一种神奇的，色黑，味苦涩，且具有强烈刺激力量的饮料。公元 10 世纪前后，阿维森纳（Avicenna，980～1037，古代伊斯兰世界最杰出的集大成者之一，是哲学家、医生、理论家等）则用咖啡当作药物治疗疾病。

虽然咖啡是在中东发现的，但是咖啡树最早源于非洲一个现属埃塞俄比亚的地区，叫 Kaffa，从这里咖啡传向也门、阿拉伯半岛和埃及。正是在埃及，咖啡的发展异常迅猛，并很快流行进入人们的日常生活。

到 16 世纪时，早期的商人已在欧洲贩卖咖啡，由此将咖啡作为一种新型饮料引进西方。绝大部分出口到欧洲市场的咖啡来自亚

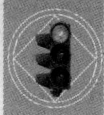

历山大港和士麦那（土耳其西部港市），但是随着市场需求的日益增长，进出口港口强加的高额关税，以及人们对咖啡树种植领域知识的增强，使得经销商和科学家开始试验把咖啡树移植到其他国家。荷兰人在他们的海外殖民地（巴达维亚和爪哇，巴达维亚即现印度尼西亚首都雅加达的旧称），法国人于1723年在马提尼克岛（位于拉丁美洲），以及随后又在安的列斯群岛（位于西印度群岛）都移植了咖啡树；后来英国人、西班牙人和葡萄牙人开始侵占亚洲和美洲热带咖啡种植区。

1727年巴西北部开始了咖啡种植，然而糟糕的气候条件使得这种作物种植逐渐转移到了其他区域，最初是里约热内卢，最后到了圣保罗和米纳斯州（大约1800～1850年期间），在这里咖啡找到了它最理想的生长环境。咖啡种植在这里发展壮大，最终成为巴西最重要的经济来源。

正是在1740～1850年期间，咖啡种植在中南美洲达到了它的普及之最。

虽然咖啡诞生于非洲，但是种植和家庭消费却相对来说是近代才引进的。实际上，正是欧洲人让咖啡重返故地，将其引进他们的殖民地。在那里，由于有利的土地和气候条件，咖啡才得以兴旺繁荣。

咖啡有哪些品种和饮用禁忌?

蓝山——蓝山咖啡是较受一般大众欢迎的咖啡，产于中美洲牙买加、西印度群岛。拥有香醇、苦中略带甘甜、柔润顺口的特性，而且稍微带有酸味，能让味觉感官更为灵敏，品尝出其独特的滋味，是为咖啡之极品。

曼特宁——盛产于印度尼西亚的苏门达腊，当地的特殊地质与气候培养出其独有的特性。具有相当浓郁厚实的香醇风味，并且带有较为明显的苦味与碳烧味，苦、甘味更是特佳，风韵独具。

摩卡——摩卡咖啡产于伊索比亚。此品种的豆子较小而香气甚浓，拥有独特的酸味和柑橘的清香气息，更为芳香迷人，而且甘醇中带有令人陶醉的丰润余味，独特的香气以及柔和的酸、甘味。

巴西——从盛产咖啡豆的巴西精选的极品。口感中带有较浓的酸味，配合咖啡的甘苦味，入口极为滑顺，而且又带有淡淡的青草芳香，在清香略带苦味，甘滑顺口，余味能令人舒活畅快。

多士——属于巴西咖啡中的极品，以巴西山圣保罗州多士港口命名的咖啡。其咖啡豆粒大，香味浓，有适度的苦味，亦有高品质的酸度，总体口感柔和、淡美，若仔细品尝回味无穷。

肯亚——是出自于品质较高的阿拉比卡种，而阿拉比卡也是中

国台湾咖啡的种类之一。味道更为香醇浓烈而厚实，并且带有较为明显的酸味，抓住许多喜爱这种特性的咖啡迷，也是德国人的最爱。

阴干——它与一般咖啡不同的是阴干在水洗后，是采用自然烘干法，在自然的状态下烘干6个月，之后再经过一些手续。与一般咖啡豆的处理方式不同，阴干属于中焙程度的豆子，它所含有的咖啡因少。

那加雪飞——是属于顶级摩卡，而名字是用英文直接译成。

牙买加——是蓝山中较高级的豆子。

曼巴——结合曼特宁及巴西咖啡特有的风味，味道丰厚浓郁，而且还有淡淡的清香，曼特宁与巴西的组合，两者互相柔和在一起，是个不错的组合。

曼蓝——是由曼特宁和蓝山大多以1：1的比例混合而成，当曼特宁的苦味遇到蓝山的微酸，两者相互中和，香味更是香醇。

拿铁——意大利浓缩咖啡加入高浓度的热牛奶与泡沫鲜奶，保留淡淡的咖啡香气与甘味，散发浓郁迷人的鲜奶香，入口滑润而顺畅，是许多女生的最爱。

意式卡布其诺——将浓醇的意大利浓缩咖啡混合细致香鲜的泡沫鲜奶与香滑可口的巧克力粉，充分调和的柔顺口感与迷人的香

气，加上优雅的装饰，凸显个人品位。

巧克力咖啡——意大利浓缩咖啡加入巧克力、泡沫鲜奶、糖浆、可可粉，浓郁的咖啡及巧克力香气扑鼻，而且甜味与咖啡中和，顺口而不腻，是适合大众的口味。

爱尔兰咖啡——把风味独到的特制 Espresso 佐以威士忌、糖和鲜奶油，让 Espresso 的香浓被威士忌提升得更为明显，并与鲜奶油调和出香滑顺口、甘苦适中的滋味。

玛琪雅朵——在意大利浓缩咖啡中，不加鲜奶油、牛奶，只要在咖啡中添加两大匙绵密细软的奶泡，如此就是一杯玛琪雅朵。

康宝兰——属意大利式的维也纳咖啡。搅拌奶油既可以搅和在咖啡里，也可以当作小点心另配上，供宾客边吃边饮。后来，用加压方式煮咖啡后，便改称"搅拌奶油配浓咖啡"。

饮用禁忌：

1. 铁剂不宜与茶、牛奶、咖啡同服。因牛奶含磷高，可影响铁的吸收。茶和咖啡中的鞣酸可使铁的吸收减少75%，宜用温开水送服。

2. 茶叶和咖啡中的单宁酸，会让钙吸收降低。所以，喝茶和喝咖啡的时间，最好是选在两餐当中。

3. 含咖啡因的饮料和食品，被孕妇大量饮用后，会出现恶心、呕吐、头痛、心跳加快等症状。咖啡因还会通过胎盘进入胎儿体内，影响胎儿发育。

4. 不少医生认为，孕妇每天喝1~2杯（每杯6~8盎司）咖啡、茶或碳酸类饮料，不会对胎儿造成影响。但为慎重起见，孕妇

最好禁用。咖啡因可导致流产率上升，所以应喝不含咖啡因的饮料。

5. 想减肥的人不要多饮咖啡。常见的咖啡伴侣中含有较多的奶类、糖类和脂肪，咖啡本身可能刺激胃液分泌，增进食物消化和吸收，不但不能瘦腰，还会使人发胖。

6. 儿童不宜喝咖啡。咖啡因可以兴奋儿童中枢神经系统，干扰儿童的记忆，造成儿童多动症。

7. 浓茶、咖啡、含碳酸盐的饮料也是形成消化道溃疡病的危险因子。

8. 紧张时添乱。咖啡因有助于提高警觉性、灵敏性、记忆力及集中力。但饮用超过比你平常所习惯饮用量的咖啡，就会产生类似食用相同剂量的兴奋剂，会造成神经过敏。对于倾向焦虑失调的人而言，咖啡因会导致手心冒汗、心悸、耳鸣等症状更加恶化。

9. 加剧高血压。咖啡因因为本身具有的止痛作用，常与其他简单的止痛剂合成复方，但是，长期大量服用，如果你本身已有高血压时，使用大量咖啡因只会使你的情况更为严重。因为只是咖啡因就能使血压上升，若再加上情绪紧张，就会产生危险性的相乘效果，因此，高血压的危险人群尤其应避免在工作压力大的时候喝含咖啡因的饮料。有些常年有喝咖啡习惯的人，以为他们对咖啡因的效果已经免疫，然而事实并非如此。一项研究显示，喝一杯咖啡后，血压升高的时间可长达12小时。

10. 诱发骨质疏松。咖啡因本身具有很好的利尿效果，如果长期且大量喝咖啡，容易造成骨质流失，对骨量的保存会有不利的影响。对于妇女来说，可能会增加骨质疏松的威胁。但前提是，平时食物中本来就缺乏摄取足够的钙，或是不经常运动的人，加上更年期后的女性，因缺少雌激素造成的钙质流失，以上这些情况再加上大量的咖啡因，才可能对骨质造成威胁。如果能够按照合理的量来享受，你还是可以做到不因噎废食的。

羊毛衫为什么会起球？

羊毛衫本指用羊毛织制的针织衫，这也是一般老百姓认同的含义，而实际上"羊毛衫"现在已成为一类产品的代名词，即用来泛指"针织毛衫"或称"毛针织品"。

毛针织品指主要是用羊毛、羊绒、兔毛等动物毛纤维为主要原料纺成纱线后织成的织物，诸如兔毛衫、雪兰毛衫、羊仔毛衫、腈纶衫等都是"羊毛衫"大家族。

羊毛衫穿起来轻薄保暖，但是起球却也是司空见惯的事儿。羊毛衫为什么会起球呢？

纱线的影响：纤维的卷曲波形发越多，在加捻时，纤维越不容易伸展，在摩擦过程中纤维容易松动滑移，在纱线表面形成毛茸。为此，纤维卷曲性越好，越易起球。纤维越细，显露在纱线表面的纤维头端就越多，纤维柔软性也越好，因此细纤维比粗纤维易于纠

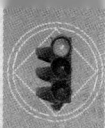

缠起球。而对于纤维长度来讲，较短纤维比长纤维易于起毛起球，除纤维头端数多的影响外，长纤维之间的摩擦力及抱合力大，纤维难以滑到织物表面，也就难以纠缠起球。纱线的捻度和表面光洁程度对起球也有较大影响，捻度高的纱线，纤维间的抱合紧密，纱线在受到摩擦时，纤维从纱线内滑移相对少，起球现象减少；但是，羊毛衫是柔软性织物，过高的捻度会使织物发硬，因此不能靠提高捻度来防止起球。纱线光洁度的影响，纱线越光洁，表面毛茸则越短而少，所以光洁纱线不易起球。

织物组织结构的影响：织物组织结构疏松的织物比结构紧密的织物易起毛起球。高机号织物一般比较紧密，所以低机号织物比高机号织物易起毛起球。表面平整的织物不易起毛起球，表面凹凸不平的织物易起毛起球。因此，胖花织物、普通花色织物、罗纹织物、平针织物的抗起毛起球性是逐渐增加的。

染整工艺的影响：纱线或织物经染色及整理以后，对抗起球将产生较大影响，这与染料、助剂、染整工艺等条件有关，以绞纱染色的纱线比用散毛染色或毛条染色的纱线易起球；以成衫染色的织物比纱线染色所织的织物易起球；织物经过定型，特别是经树脂整理后，其抗起毛起球性将大大增强。

穿着条件的影响：羊毛衫织物在穿着时，所经受的摩擦越大，所受摩擦的次数越多，则起球现象越严重。

为什么穿了羽绒服会觉得暖和?

冬天的天气非常冷,可是人们穿上羽绒服就暖和多了。为什么穿上又轻又软的羽绒服就不冷了呢?

这是因为羽绒服里的羽绒都是鸭鹅身上的优质绒毛。在不受压的情况下,羽绒之间有一定的空间,空气在这里既能挡住人体的热量向外跑,又能挡住外面的冷风向里跑,所以我们穿上羽绒服就会觉得很暖和。

羽绒服(Downcoat)是内充羽绒填料的上衣,外形庞大圆润。羽绒服鸭绒量一般占一半以上,同时可以混杂一些细小的羽毛,将鸭绒清洗干净,经高温消毒,之后填充在衣服中就是羽绒服了。羽绒服保暖性较好,多为寒冷地区的人们穿着,也为极地考察人员所常用。

羽绒服是羽绒行业主要的产品。羽绒是由绒(Down)和羽(Feather)构成的。

羽绒服绒(Down)是由不含毛杆的羽毛,在其羽枝上长出的许多簇细丝,通过绒上的细丝相互交错形成了稳定的热保护层。因此,绒是羽绒保暖的主要材料。每一盎司的羽绒大约有2百万根细丝。较好品质的绒细丝较长,形成的绒朵也相应较大。羽(Feath-

er）是鸭或鹅的背部和尾部的带羽杆的小羽毛，也有长羽毛打碎后形成的，羽的含量不能太高，但因为它有提高羽绒蓬松度的作用，因此必须含有一定的比例。将羽绒经过洗涤、干燥、分级等工艺处理以后，被制成羽绒服。成为冬季御寒服饰。

羽绒服具有防寒性好、轻柔蓬松、洗涤方便、物美价廉，而且绿色纯天然等优点，所以消费者对羽绒服的需求越来越旺盛，使羽绒服市场的发展空间依然很大。

为什么会煤气中毒？

家庭中煤气中毒主要指一氧化碳中毒，液化石油气、管道煤气、天然气中毒，煤气中毒时病人最初感觉为头痛、头昏、恶心、呕吐、软弱无力，当他意识到中毒时，常挣扎下床开门、开窗，但一般仅有少数人能打开门，大部分病人迅速发生抽痉、昏迷，两颊、前胸皮肤及口唇呈樱桃红色，如救治不及时，可很快出现因呼吸抑制而死亡。

常见的煤气中毒原因：

（1）生活用煤不装烟筒，或是装了烟筒但却堵塞、漏气，会使室内一氧化碳浓度增高；

（2）室内用炭火锅涮肉、烧烤用餐，而门窗紧闭通风不良，容易造成一氧化碳停留时间过长；

（3）火灾现场会产生大量一氧化碳；

（4）冬天在门窗紧闭的小车内连续发动汽车，产生大量含一氧化碳的废气；

（5）煤气热水器安装使用不当；

（6）自制土暖气取暖，虽与煤炉分室而居，但发生泄漏、倒风引起煤气中毒；

（7）城区居民使用管道煤气，管道中一氧化碳浓度为25%~30%，如果管道漏气、开关不紧或烧煮中火焰被扑灭后，煤气大量溢出，可造成中毒。

煤气中毒依其吸入空气中所含一氧化碳的浓度、中毒时间的长短，常分三型：

（1）轻型：中毒时间短，血液中碳氧血红蛋白为10%~20%。表现为中毒的早期症状，头痛、眩晕、心悸、恶心、呕吐、四肢无力，甚至出现短暂的昏厥，一般神志尚清醒，吸入新鲜空气，脱离中毒环境后，症状迅速消失，一般不留后遗症。

（2）中型：中毒时间稍长，血液中碳氧血红蛋白占30%~40%，在轻型症状的基础上，可出现多汗、烦躁、走路不稳、皮肤苍白、意识模糊、困倦乏力、虚脱或昏迷等症状，皮肤和黏膜呈现煤气中毒特有的樱桃红色。如抢救及时，可迅速清醒，数天内完全恢复，一般无后遗症状。

（3）重型：发现时间过晚，吸入煤气过多，或在短时间内吸入高浓度的一氧化碳，血液中碳氧血红蛋白浓度常在50%以上，病人

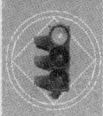

呈现深度昏迷，各种反射消失，大小便失禁，四肢厥冷，血压下降，呼吸急促，会很快死亡。

发现有人煤气中毒应如何救护：

1. 现场急救

（1）立即打开门窗，移病人于通风良好、空气新鲜的地方，注意保暖。

（2）松解衣扣，保持呼吸道通畅，清除口鼻分泌物，如发现呼吸骤停，应立即进行口对口人工呼吸，并作心脏体外按摩。

（3）立即进行针刺治疗，取穴为太阳、列缺、人中、少商、十宣、合谷、涌泉、足三里等。轻、中度中毒者，针刺后可以逐渐苏醒。

（4）立即给氧，有条件时应立即转医院高压氧舱室作高压氧治疗，尤适用于中、重型煤气中毒患者，不仅可使病者苏醒，还可使后遗症减少。

（5）立即静脉注射 50% 葡萄糖液 50 毫升，加维生素 C 500 ~ 1000 毫克。轻、中型病人可连用 2 天，每天 1 ~ 2 次，不仅能补充能量，而且有脱水之功，早期应用可预防或减轻脑水肿。

（6）昏迷者按昏迷病人的处理方法进行。

2. 后续处理

（1）坚持早晨到公园或在阳台进行深呼吸运动扩胸运动、太极拳，每天 30 分钟左右，轻、中型中毒者应连续晨练 7 ~ 14 天；重型中毒者可根据后遗症情况，连续晨练 3 ~ 6 个月，作五禽戏、铁布衫功、八段锦等。

（2）继续服用金维他每天 1～2 丸，连服 7～14 天，或维生素 C 0.1～0.2 克，每天 3 次，亦可适量服用维生素 B_1、B_6，复合维生素 B 等。

（3）检查煤气使用情况，以防再次中毒：

①检查煤气有无漏泄，安装是否合理，燃气灶具有无故障，使用方法是否正确等；

②冬天取暖方法是否正确，煤气管道是否畅通，室内通风是否良好等；

③尽量不使用煤炉取暖，如果使用，必须遵守煤炉取暖规则，切勿马虎；

④热水器应与浴池分室而建，并经常检查煤气与热水器连接管线的完好；

⑤如入室后感到有煤气味，应迅速打开门窗，并检查有无煤气泄漏或有煤炉在室内，切勿点火；

⑥经常擦拭灶具，保证灶具不致造成人体污染，在使用煤气开关后，应用肥皂洗手，并用流水冲净。在厨房内安装排气扇或抽油烟机；

⑦一定要使用煤气专用橡胶软管，不能用尼龙、乙烯管或破旧管，每半年检查一次管道通路。

交通篇

交通是什么?

　　交通是指从事旅客和货物运输及语言和图文传递的行业。包括运输和邮电两个方面，在国民经济中属于第三产业。运输有铁路、公路、水路、航空和管道五种方式，邮电包括邮政和电信两方面内容。

　　交通是随着人类生产和生活的需要而发展起来的。古代，人们为了生存，尽量沿河生活，水上交通就成为最早产生的运输方式。"伏羲氏刳木为舟，剡木为楫"说明独木舟早已在中国出现。在陆上交通方面，驯马牛以为陆运工具出现得最早，此后出现马牛拉车而促进了道路的人工修筑，直至出现丝绸之路。古代地中海的腓尼基人和濒临地中海的希腊人在造船、航海方面均较领先。11世纪中国将指南针用于航海，促进了世界航海技术的发展。哥伦布发现新大陆，麦哲伦的环球航行，都推动了水上运输的进步。公元前

480 年中国开凿了古老的运河邗沟，至秦朝又为粮运连通了长江与珠江两大水系的灵渠，成为水路自身联运的创举。18 世纪下半叶蒸汽机的发明导致了产业革命，促进了机动船和机车的出现，从此开始了近代运输业。1807 年美国人富尔顿首次将蒸汽机用于"克莱蒙脱"号明轮上。1825 年英国发明家斯蒂芬森制造的蒸汽机车在英国斯托克顿达灵顿铁路上运行成功。19 世纪末到 20 世纪初，汽车、飞机相继问世。1885 年德国人本茨制成内燃机为动力的汽车。1903 年美国人莱特兄弟制成第一架内燃机推动的双翼飞机。管道运输在 20 世纪 50 年代后，伴随石油和煤炭的大量输送而发展起来。

古代的信息传送主要靠人力进行，用以传达军、政命令，设有邮驿。中世纪出现过私营邮递组织。17 世纪后，英、法等国出现专门的邮政，同时为官为民通信服务。1840 年英国人希尔提出发行邮票，采用均一邮资制，是近代邮政的开端。中国于 1896 年建立了近代邮政。近代电信始于 1837 年美国人莫尔斯发明的电报机。1876 年贝尔发明了电话。1895 年意大利人马可尼和俄国人波波夫发明了无线电报。这些发明具有划时代的意义。20 世纪 50 年代后半期导体与集成电路出现，形成大规模的现代化通信。

交通运输在社会生产中分为生产过程的运输和流通过程的运输。交通的生产活动是实现人和物的位移及信息传输，运输产品是以人公里计量，邮电产品是以信息量和距离计量。交通生产设施有固定设施和流动设施之分。固定设施有线路、港、站、场、台等，流动设施指车、船、飞机等。世界各种运输方式线路总长 3000 多万千米，其中铁路一百三十多万千米，公路两千多万千米，内河航道五十多万千米，管道一百五十多万千米，航空线路五百三十多万千米。随着现代技术与经济发展，铁路行车时速可达 300 ~ 400 千米，高速

公路的汽车时速可达 200 千米，船舶出现 50 万吨以上的巨型油船。运输工具向高速、大型化方向发展，运输线路逐步构成合理化的运输网、发展联运。邮电则向快速与综合业务数字化方向发展。

各种运输方式各有自己的优势与特点：铁路运输能力较大，速度较快，成本较低，适于中长距离货运；公路运输投资相对较小，机动灵活，可实现门到门的运输，适于短途客货运输；水路运输具有运量大、能耗少、成本低，以及基建设施投资少的优点，但速度慢，适于大宗散货运输；管道成本低，可连续输送，适于流体和其他散粒状某些货物运输；航空则速度快，但成本高，适于中、长距离的客运与邮件运输。在世界范围内，公路运输的客、货运量居各种运输方式之首。

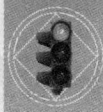

我们能够利用的交通工具有哪些？

飞机：通过旅行社或会员机制的机票预订机构可以拿到折扣机票，此外通过网络组织团购机票也是时下流行的买票方式。

火车：乘火车旅游虽然没有飞机快速便捷，但是费用较便宜，而且沿路可尽享各地风光。在欧洲，有18个国家的铁道线路加入了欧铁，包括西欧、北欧和南欧，东欧现在也是欧铁可以到达的地方。去欧洲旅行，购买火车通票既节省开销，又方便出行。目前在国内有很多网站和机构都出售欧洲火车通票，购买方便。火车通票最好在长途距离中使用，以最大限度节省开支。

巴士：长途巴士和国际巴士是东南亚旅行的主要交通工具。长途巴士路线很丰富，而且价格很便宜，票价依座位宽窄不同，没有站票。平时提前一天预订就可以，在节假日需提早预订，各大城市或旅行社及旅馆都提供代办服务。

搭乘国际巴士在穿越国境时需要办理入境手续，手续比较简便。巴士靠停边境的边防站时，旅客下车填写入境申请卡就可以了。搭乘长途和国际巴士，最好坐夜车，这样也可以省去一晚的住宿费，并且早晨抵达目的地更容易寻找投宿地。

地铁：在发达的大城市旅行，地铁是最快捷的交通工具，不过票价会比公交高出许多。巧妙的购买地铁车票和通票也可省去不少开支。

你知道这些交通安全知识吗？

一、交通标线

马路上，用漆画的各种各样颜色线条是"交通标线"。道路中间长长的黄色或白色直线，叫"车道中心线"。它是用来分隔来往车辆，使它们互不干扰。中心线两侧的白色虚线，叫"车道分界线"，它规定机动车在机动车道上行驶。非机动车在非机动车道上行驶。在路口四周有一根白线是"停止线"。红灯亮时，各种车辆应该停在这条线内。马路上用白色平等线像斑马纹那样的线条组成的长廊就是"人行横道线"。行人在这里过马路比较安全。

二、隔离设施

交通隔离设施主要有行人护栏和隔离墩或绿化隔离带。行人护栏是用来保护行人安全，防止行人横马路走入车行道和防止车辆驶入人行道的。隔离墩或绿化隔离带是设在车行道上用来隔离机动车与非机动车或来往车辆的。希望大家不要跨钻护栏和隔离墩或绿化隔离带，走进车行道，否则有被车辆撞倒的危险。

113

三、交通信号灯

在繁忙的十字路口，四面都悬挂着红、黄、绿三色交通信号灯，它是不出声的"交通警"。红绿灯是国际统一的交通信号灯。红灯是停止信号，绿灯是通行信号。交叉路口，几个方向来的车都汇集在这儿，有的要直行，有的要拐弯，到底让谁先过，这就要听从红绿灯指挥。红灯亮，停或左转弯，在不碍行人和车辆的情况下，允许车辆右转弯；绿灯亮，准许车辆直行或转弯；黄灯亮，停在路口停止线或人行横道线以内，已经继续通行；黄灯闪烁时，警告车辆注意安全。

四、人车分流各行其道

每当你走在马路上时，就会看到许多行人和车辆来来往往，川流不息。如果行人和车辆爱怎么走就怎么走，那么就会交叉冲突，发生混乱。交通道路上用"交通标线"画出车辆、行人应走的规则：机动车走"机动车道"。在道路上，我们可以看到各式各样的交通标志。它们用图案、符号和文字来表达特定的意思。告诉驾驶员和行人注意附近环境情况。这些标志对于安全行驶非常重要，被称为"永不下岗的交通警"。警告标志：它是警告车辆、行人注意危险地段、减速慢行的标志。禁令标志：它是禁止或限制车辆、行人某种交通行为的标志。指示标志：它是指示车辆、行人行进的标志。指路标志：它是传递道路方向、地点、距离信息的标志。辅助标志：它是对主标志起辅助说明的标志。我们应该熟悉并爱护这些标志，不能任意损坏或在上面乱涂乱画，并且自觉遵守这些标志的规定。

五、安全走路

走路，谁不会呢？其实不然。如果我们不注意交通安全，走路也会闯祸。因此，我们上学读书、放学回家、节假日外出时，走在人来车往的交通繁忙的道路上，要遵守交通规则，增强自我保护意识。我们走路要走在人行道上。在没有人行道的地方，应靠道路右边行走。走路时，思想要集中，不要东张西望，不能一边走一边玩耍，不能一边走路一边看书，不能三五成群并排行走，不要乱过马路，更不能追赶车辆嬉戏打闹；更不要在马路上踢球、溜冰、放风筝、做游戏。一旦被来往车辆撞倒，后果非常严重。

有的同学认为乱过马路没关系，反正驾驶员会刹车的。其实，汽车不是一刹就停的。由于惯性作用，刹车后车还会向前滑行一段路，这就是力的惯性作用。就像人在奔跑中，突然停下来，还会不由自主地身前冲出几步一样。何况还有可能驾驶员不注意、刹车不灵等。所以，乱穿马路是十分危险的，不少交通事故就是因为行人乱过马路造成的。血的教训应该引以为戒。

六、不在车前车后急穿马路

有人总是喜欢在汽车前、后急穿马路，这是很危险的。驾驶员眼睛看不到的地方，被称为"视线死角"。要是有人在车前车后，驾驶员眼睛看不到的"视线死角"内急穿马路，就会造成车祸。所以我们横过马路前要注意左右来往车辆，先向左看，后向右看，当看清没有来车时才可横过马路。在"人行横道"和"人行天桥"上行走，这样才比较安全。

七、汽车的眼睛

汽车前面的两只"大眼睛"叫"大光灯"。夜幕降临，司机打开"大光灯"就能照亮道路。在汽车大光灯下，有两只"小眼睛"，它同车尾两边的两只"小眼睛"相互连接，这是用来指示方向的"方向灯"。汽车尾部有两只"红色的眼睛"，叫"刹车灯"。当驾驶员刹车时，这两只"红眼睛"立刻发亮，它告诉行驶在后面的车辆，注意保持距离。此外，汽车尾部还有两只"白色的眼睛"，叫"倒车灯"，汽车倒车时会发出白色光线，有的还会发出"倒车，请注意"的叫声，我们也要及时避让。

八、汽车的"内轮差"

你知道汽车是怎样转弯的吗？汽车是依靠前轮来转向的。随着前轮的转动，汽车车身也逐渐改变方向。但是前后两只轮子转动不是在同一条弧线上，而是有一定距离差别的，这个差距称"内轮差"。因此，我们碰到要转弯的汽车，不能靠得太近，不要以为汽车的前轮过去就没事了。因为有"内轮差"，如果离转弯的汽车太近，很可能被后轮撞倒压伤。

九、注意避让转弯的车辆

知道了汽车转弯时会发生"内轮差"，所以我们在过马路时，除了注意来往直行的车辆外，还要注意避让转弯行驶的车辆。当看到"方向灯"闪亮时，人离车辆远一些。千万不要以为让过车头就没事了，人与车身靠得太近，就容易被车尾撞倒，发生伤亡事故。

十、集体外出

集体外出活动时，要在老师的带领下排好队伍，横列不宜超过两人。行进时，就靠右侧走在人行道上。要自觉遵守纪律，不随便离队，不互相追逐嬉闹，不在交通拥挤的地方集队、停留，以免影响人、车通行。过马路时，应在人行横道上通过。在没有车辆行驶时，抓紧时间通过。如果队伍长，安全通过有困难，可请交警协助一下通过。

十一、让特种车辆先行

在马路上，我们经常可以看到警灯闪亮、警报呼叫的车辆，这些是警车、消防车、救护车或工程抢险车等特种车辆。特种车辆担负着特殊紧急任务。交通法规规定：一切车辆和行人都必须让执行任务的警车、消防车、救护车和工程抢险车先行。

所以，我们如在以路上骑车或行走时，遇到上面这些车辆，要让他们先通过，千万不要争道抢行。

十二、不吊车、不玩车

有一些同学喜欢随便玩弄停在马路上的汽车，甚至在道路中间拦车、追车、吊车、向车辆投掷石块，以此为乐。其实这是十分危险和不道德的行为，最容易造成事故。当我们发现这种不良行为时，应该及时提醒，大胆劝阻。因为拦车和追车时容易和其他行驶中的车辆相碰撞发生伤亡事故。吊车时由于人小手劲差而半途掉下摔伤。特别是向车辆投掷石块，这是一种破坏公共财产和国家财物的不法行为，应严厉禁止；此外容易使车内人员受伤，发生交通事故。

十三、文明乘车

当前，城乡道路上是机动车、非机动车、行人混合交通，交通

117

事故频繁发生。为了乘车时的安全，我们必须增强交通法制观念。遵守乘车规定、讲究公共道德、注意交通安全、文明乘车。做到"高高兴兴上学，平平安安回家"，这是我们每个学生应尽的职责。

文明乘车，确保安全。我们在等乘公共汽车时，应在站台上有秩序地候车。要做到等车停稳后，让车上的人先下来，然后依次上车，上车后要主动买票。遇到老、弱、病、残、孕和怀抱婴儿的人应主动让座。车辆行驶时，要坐好或站稳，并抓住扶手，防止紧急刹车时摔倒。不能将身体的任何部位伸出车外，不能在车厢内大声叫嚷，做个文明的小乘客。下车后，要注意安全，不要从车前、车后、突然穿出或猛跑过马路，以免发生伤亡事故。

十四、安全过铁路道口

铁路道口比较复杂，交通十分繁忙，行人、自行车、汽车、火车等都要从道口通过。为了保证行人和车辆的安全，在铁路道口处都设置了栅栏。火车来临时，红色信号灯闪亮，栅栏关闭，行人和各种车辆停止前进，耐心等候，让火车通过。千万不要跨越栅栏，冒险抢道。通过无人看守的道口时，须停车，左右仔细观看，确认安全后，方准通行。

十五、12岁以下儿童不准骑自行车

城市道路复杂，车辆繁多。由于儿童缺少生活经验，应变能力差，同时《中华人民共和国道路交通法实施条例》也明确规定："不满12岁的儿童不准在道路上骑自行车"，小朋友们应自学遵守。如果到了法定的骑车年龄，也必须先认真学习有关骑自行车的规定，掌握好安全骑车的基本要领后再上道路。

一年四季我们应该注意哪些交通安全？

一年四季，气候特点各不相同，它们跟交通安全关系十分密切。掌握好每个季节交通安全的规律，才能确保自身安全。

一、春天

春天是多雨的季节，细雨绵绵，道路上湿漉漉的。车辆在雨中行驶，车轮容易打滑。如果在车辆临近时突然穿过马路，将会使驾驶员措手不及，以致把你撞倒。行走时，步子要小，走得慢一些，注意避让来往车辆。如果你撑着伞，别让伞遮住视线，看不见前进的方向。

二、夏天

盛夏，酷暑难熬，我们的户外活动增多了。尤其在暑假里，经常外出，更应自觉遵守交通规则，好让家长放心。

骄阳似火，路面滚烫，洒水车给路面降温，同学们千万不能在洒水车周围玩耍。当台风暴雨突然来临时，不能急着奔跑。晚上纳凉，不要占据道路，影响交通。

三、秋天

秋高气爽，是旅游观光的好季节，也是多风沙的季节。外出活

动时，要防止灰沙侵入眼睛。不要逆风倒着走，要注意安全。

秋天也是放风筝的好时光，但不能在城乡道路上奔来跑去放风筝，以免发生交通事故。

四、冬季

冬天寒风凛冽，雪花飘飘。有人戴上了帽子和口罩，可别遮住了自己的眼睛。此外，地面上结起了一层冰，道路又湿又滑，走路、骑车稍不留神，就要摔跤，行走时不能急奔快跑。不能在道路上堆雪人、打雪仗和滚雪球，这样既不安全，又会影响交通，甚至发生车祸。

一年四季气候不同，同学们交通安全防范不能放松。

交通安全须知"二十不"是什么？

1. 不闯红灯，过马路走人行横道。

2. 未满 12 周岁不骑自行车。

3. 未满 16 周岁不骑电动自行车。

4. 不骑车带人。

5. 不在机动车道内骑车。

6. 不突然猛拐、攀附车辆、双手离把。

7. 不扶身并行、互相追逐、曲线行驶。

8. 不乱停乱放。

9. 不在车辆临近时横穿或者中途倒退、折返。

10. 不在道路上使用滑板、旱冰鞋等滑行工具。

11. 不追车、抛物击车。

12. 不在机动车道上拦乘机动车。

13. 不跨越、骑坐隔离设施。

14. 未戴头盔不坐摩托车。

15. 转弯前须减速慢行，向后瞭望，伸手示意，不准突然猛转。

16. 车闸不灵时不准上路行使。

17. 不准撑伞骑自行车、三轮车等。

18. 不准在车行道上停车交谈或与机动车争道抢行。

19. 不乘坐农用车，不乘坐超员车。

20. 不携带易燃易爆物品乘车。

为什么公路上要设置交通信号灯？

　　道路交通信号灯是交通安全产品中的一个类别，是为了加强道路交通管理，减少交通事故的发生，提高道路使用效率，改善交通状况的一种重要工具。适用于十字、丁字等交叉路口，由道路交通信号控制机控制，指导车辆和行人安全有序地通行。

交通信号灯的种类有：机动车道信号灯，人行横道信号灯，非机动车道信号灯，方向指示信号灯，移动式交通信号灯，太阳能闪光警告信号灯，收费站天棚信号灯。

LED（发光二极管）是近年来开发生产的一种新型光源，具有耗电小（电流只有 10 ~ 20mA）、亮度高（光强可达上万个 mcd）、体积小（直径最小可达 3mm）、重量轻（一颗发光二极管仅重零点几克）、寿命长（平均寿命约 10 万小时）等优点。现已逐步代替白炽灯、低压卤钨灯作为道路交通信号灯。

道路交通标志有什么作用？

道路交通标志和标线是用图案、符号、文字传递交通管理信息，用以管制及引导交通的一种安全管理设施。《道路交通标志和标线》规定的交通标志分为七大类：

1. 警告标志：警告车辆和行人注意危险地点的标志。

2. 禁令标志：禁止或限制车辆、行人交通行为的标志。

3. 指示标志：指示车辆、行人行进的标志。

4. 指路标志：传递道路方向、地点、距离的标志。

5. 旅游区标志：提供旅游景点方向、距离的标志。

6. 道路施工安全标志：通告道路施工区通行的标志。

7. 辅助标志：附设于主标志下起辅助说明使用的标志。

规定的道路交通标线分为三大类：

1. 指示标线：指示车行道、行车方向、路面边缘、人行道等设施的标线。

2. 禁止标线：告示道路交通的遵行、禁止、限制等特殊规定，车辆驾驶人员及行人需要严格遵守的标线。

3. 警告标线：促使车辆驾驶人员及行人了解道路上的特殊情况，提高警觉，准备防范应变措施的标线。

交通信号灯是怎么发展到现在的红绿灯的？

19 世纪初，在英国中部的约克城，红、绿装分别代表女性的不同身份。其中，着红装的女人表示我已结婚，而着绿装的女人则是未婚者。后来，英国伦敦议会大厦前经常发生马车轧人的事故，于是人们受到红绿装启发，1868 年 12 月 10 日，信号灯家族的第一个成员就在伦敦议会大厦的广场上诞生了。由当时英国机械师德·哈特设计、制造的灯柱高 7 米，身上挂着一盏红、绿两色的提灯——煤气交通信号灯，这是城市街道的第一盏信号灯。在灯的脚下，一名手持长杆的警察随心所欲地牵动皮带转换提灯的颜

色。后来在信号灯的中心装上煤气灯罩，它的前面有两块红、绿玻璃交替遮挡。不幸的是只面世23天的煤气灯突然爆炸自灭，使一位正在值勤的警察也因此断送了性命。

从此，城市的交通信号灯被取缔了。直到1914年，在美国的克利夫兰市才率先恢复了红绿灯，不过，这时已是"电气信号灯"。稍后又在纽约和芝加哥等城市，相继重新出现了交通信号灯。

随着各种交通工具的发展和交通指挥的需要，第一盏名副其实的三色灯（红、黄、绿三种标志）于1918年诞生。它是三色圆形四面投影器，被安装在纽约市五号街的一座高塔上，由于它的诞生，城市交通大为改善。

黄色信号灯的发明者是我国的胡汝鼎，他怀着"科学救国"的抱负到美国深造，在大发明家爱迪生为董事长的美国通用电气公司任职员。一天，他站在繁华的十字路口等待绿灯信号，当他看到红灯而正要过去时，一辆转弯的汽车呼的一声擦身而过，吓了他一身冷汗。回到宿舍，他反复琢磨，终于想到在红、绿灯中间再加上一个黄色信号灯，提醒人们注意危险。他的建议立即得到有关方面的肯定。于是红、黄、绿三色信号灯即以一个完整的马路工具出现在世界上。

中国最早的马路红绿灯，于1928年出现在上海的英租界。

从最早的手牵皮带到20世纪50年代的电气控制，从采用计算机控制到现代化的电子定时监控，交通信号灯在科学化、自动化上不断地更新、发展和完善。

为什么人行横道又叫斑马线？

城市街道、人行横道上的一条条白线，又叫斑马线。斑马线源于古罗马时代的跳石。早在古罗马时期的庞培城的一些街道上，车马与行人交叉行驶，经常使市内交通堵塞，还不断发生事故。为此，人们便将人行道与马车道分开，并把人行道加高，还在靠近马路口的地方砌起一块块凸出路面的石头——跳石，作为指示行人过街的标志。行人可以踩着这些跳石，慢慢穿过马路。马车运行时，跳石刚好在马车的两个轮子中间。后来，许多城市都使用这种方法。19 世纪末期，随着汽车的发明，城市内更是车流滚滚，加之人们在街道上随意横穿，阻碍了交通，从前的那种跳石已无法避免交通事故的频频发生。20 世纪 50 年代初期，英国人在街道上设计出了一种横格状的人行横道线，规定行人横过街道时，只能走人行横道。于是伦敦街头出现了一道道赫然醒目的横线，看上去这些横线像斑马身上的白斑纹，因而人们称它为"斑马线"。司机驾驶汽车看到这条条白线时，会自动减速缓行或停下，让行人安全通过。斑马线至今在街道上仍然随处可见。

你见过这些特色的斑马线吗?

一、爱情斑马线

位于成都天仙桥南路的风景优美的合江亭附近，属新城市新风貌建设首创。节假日常有新人来这里拍摄外景，屡屡出现数百对新人扎堆的景象，也不时有新人结伴横穿马路，因此得此首创设计。

大胆的创意使严肃、冰冷的白色斑马线——交通法制，披上了红色异样亲民暖意的新服装！增加了市民对法制法规的亲和度。

这条"爱情斑马线"的创意来源于网上流传的"爱情需要一条斑马线才安全"，其最初意思为，改革开放后，人们思想意识随即开放，离婚率和婚外遇、ONS 等统计数据逐年增加，危及爱情和家庭，即得"爱情需要一条斑马线才安全"，寓意保护爱情，避免在爱情的路上发生"交通事故"。

成都交警三分局一大队将爱情斑马线付诸于交通道路实物，扩展了爱情斑马线的意思、丰富

了内涵：一个是爱情安全意识，一个是人生安全意识。

通过这条全国独一无二的红色斑马线表达两层祝福：首先祝福新人牵手终身；同时温馨提醒大家遵守交通规则，给彼此一个安全幸福的约定。

爱情斑马线，是在法律法规的"太岁头上动土"，它的审批和修改成功，标示着法律向亲民、时尚、诙谐方向吹风，是普法长征中的一大进步！

"爱情需要一条斑马线才安全"，这句网络上流传的话，在很多成都人看来，说的就是成都合江亭的"爱情斑马线"。2009年春节期间，这条爱情斑马线换上了新装，大红底色、两颗红心、一句 I LOVE YOU，形成一条城市红地毯。据了解，这条红色斑马线在全国属首创。

虽然被冠名为"爱情斑马线"，但它在外观上和使用功能上与其他的斑马线并无差异。"当时也是打一个概念，主要抓住新人的心理，引导大家走人行道。"成都交警三分局民警说，去年的七夕节、国庆节，人行道加上立锥筒，效果很好。"我们就想是不是可以借用成都公交车专用道的红色路面，让这条斑马线有一些改变，让这个不足1平方公里的合江亭，意义上有所升华。"

二、立体斑马线

2008年12月10日，浙江省台州市椒江区交警部门在市区椒江解放路推出立体感的彩色斑马线。蓝白黄三色相间彩条，使平面的斑马线呈现立体感，带给过往司机一个强烈的视觉刺激作用，增强了对车辆行人的交通警示性。据了解，这种立体感彩色斑马线在国

内尚属首次推出。

　　"立体斑马线，可以说是利用了人们对立体障碍物的感知。"这种影响对司机和行人都有效，"对行人来讲，与其说是对障碍物的恐惧，不如说是对高低感的恐惧，不管是从低到高还是从高到低，都会给人心理上增加负担，带来的效果，就是行人横穿马路会更加谨慎了。"

为什么要设置减速带？

　　减速带也叫减速垄，是安装在公路上使经过的车辆减速的交通设施。形状一般为条状，也有点状的；材质主要是橡胶，也有的是金属的；一般以黄色黑色相间以引起视觉注意，使路面稍微拱起以达到车辆减速目的。一般设置在公路道口、工矿企业、学校、住宅小区入口等需要车辆减速慢行的路段和容易引发交通事故的路段，是用于降低机动车、非机动车行使速度的新型交通专用安全设置。减速带很大程度上减少了各交通要道口的事故发生，是交通安全的新型专用设施。汽车在行驶中既安全又起到缓冲减速的目的，提高了交通道口的安全。目前，减速带在世界各地的公路中得到了广泛的使用。

橡胶减速带用特殊橡胶制成。与原来水泥垄、钢管相比，橡胶减速带具有减震性，抗压性极好，寿命长，对车磨损少，噪声小，黄黑相间，色彩分明，无须每年再涂漆，美观大方等特点。

为什么中国的车要靠右行驶？

1945 年以前，中国是左行与右行混合的国家。总的来说，在南方省份和城市，例如上海、浙江、广东，由于受到英国的影响，左行规则更为普及；而在山东、直隶等北方省份，由于俄国、德国、美国等国的影响，大多采用右行规则。1930 年的新生活运动规定车辆靠左行驶。满洲国、蒙疆政府和日本占领区也采取左行规则。

抗日战争期间，美国全力支持中国抗日，随着大量美援汽车（左驾车）按照《租借法案》运抵中国，靠右行驶逐渐成为大多数司机的习惯。抗日战争胜利后，中华民国政府规定，自 1946 年 1

月 1 日起，全国的车辆均靠右侧行驶。这一规则也带到了中国台湾。

"文化大革命"期间，一些城市的红卫兵认为"靠右行驶"的规则是"走右倾（资本主义）道路"，因此下令车辆靠左行驶，同时规定红灯通行、绿灯停车。这两项措施在短时期内造成了大量的交通事故，因此不久即被废止，恢复了以前的规则。

公路和道路有什么区别？

连接城市、乡村和工矿基地之间，主要供汽车行驶并具备一定技术标准和设施的道路称"公路"。

道路是供各种车辆（无轨）和行人通行的工程设施。按其使用特点分为城市道路、公路、厂矿道路、林区道路及乡村道路等。

公路的分类：

1. 按行政等级划分

公路按行政等级可分为：国家公路、省公路、县公路和乡公路（简称为国、省、乡道）以及专用公路五个等级。一般把国道和省道称为"干线"，县道和乡道称为"支线"。

国道是指具有全国性政治、经济意义的主要干线公路，包括重要的国际公路，国防公路，连接首都与各省、自治区、直辖市首府的公路,连接各大经济中心、港站枢纽、商品生产基地和战略要地的公路。国道中跨省的高速公路由交通部批准的专门机构负责修建、养护和管理。

省道是指具有全省(自治区、直辖市)政治、经济意义,并由省(自治区、直辖市)公路主管部门负责修建、养护和管理的公路干线。

县道是指具有全县(县级市)政治、经济意义,连接县城和县内主要乡(镇)、主要商品生产和集散地的公路,以及不属于国道、省道的县际间公路。县道由县、市公路主管部门负责修建、养护和管理。

乡道是指主要为乡(镇)村经济、文化、行政服务的公路,以及不属于县道以上公路的乡与乡之间及乡与外部联络的公路。乡道由乡人民政府负责修建、养护和管理。

专用公路是指专供或主要供厂矿、林区、农场、油田、旅游区、军事要地等与外部联系的公路。专用公路由专用单位负责修建、养护和管理。也可委托当地公路部门修建、养护和管理。

2. 按使用任务、功能和适应的交通量划分

根据我国现行的《公路工程技术标准》(JTJ001 - 1997),公路按使用任务、功能和适应的交通量分为高速公路、一级公路、二级公路、三级公路、四级公路五个等级:

(1)高速公路为专供汽车分向分车道行驶并应全部控制出入的多车道公路。

四车道高速公路应能适应将各种汽车折合成小客车的年平均日

交通量 25000～55000 辆。

六车道高速公路应能适应将各种汽车折合成小客车的年平均日交通量 45000～80000 辆。

八车道高速公路应能适应将各种汽车折合成小客车的年平均日交通量 60000～100000 辆。

（2）一级公路为供汽车分向分车道行驶并可根据需要控制出入的多车道公路。

四车道一级公路应能适应将各种汽车折合成小客车的年平均日交通量 15000～30000 辆。

六车道一级公路应能适应将各种汽车折合成小客车的年平均日交通量 25000～55000 辆。

（3）二级公路为供汽车行驶的双车道公路。

一般能适应每昼夜 3000～7500 辆中型载重汽车交通量。

（4）三级公路为主要供汽车行驶的双车道公路。

一般能适应每昼夜 1000～4000 辆中型载重汽车交通量。

（5）四级公路为主要供汽车行驶的双车道或单车道公路。

双车道四级公路能适应每昼夜中型载重汽车交通量 1500 辆以下。

单车道四级公路能适应每昼夜中型载重汽车交通量 200 辆以下。

为什么要设置立交桥?

立交桥全称"立体交叉桥",是指在城市重要交通交会点建立的上下分层、多方向行驶、互不相扰的现代化陆地桥。

随着道路建设的发展和交通的需要,城市人口的急剧增加,车辆日益增多,平面交叉的道口造成车辆堵塞和拥挤,许多大中城市的交通要道和高速公路上兴建了一大批立交桥,用空间分隔的方法消除道路平面交叉车流的冲突,使两条交叉道路的直行车辆畅通无阻。城市环线和高速公路网的联结也必须通过大型互通式立交进行分流和引导,保证交通的畅通。城市立交桥已成为现代化城市的重要标志。为保证交通互不干扰,而在道路、铁路交叉处建造的桥梁。广泛应用于高速公路和城市道路中的交通繁忙地段。从此,城市交通开始从平地走向立体。

立交桥可以分为以下几类:

1. 单纯式立交桥

单纯式立交桥是立交桥中最简单的一种。这种立交桥主要用于高架道路与一般道路的立体交叉,铁路与一般道路的立体交叉,其通行方法极其简单,各自在自己的道路上行驶。

2. 简易式立交桥

简易式立交桥主要是设置在城市交通要道上。主要形式有十字型立体交叉、Y 型立体交叉和 T 型立体交叉。其通行方法为：干线上的主交通流走上跨道或下穿道，左右转弯的车辆仍在平面交叉改变运动方向。

3. 互通式立交桥

互通式立交桥主要有以下三大类：

（1）三枝交叉互通式立交桥，包括喇叭型互通式立交桥和定向型互通式立交桥。

（2）四枝交叉互通式立交桥，包括菱形互通式立交桥、不完全的苜蓿叶型互通式立交桥。完全的苜蓿叶型互通式立交桥和定向型互通式立交桥。

（3）多枝交叉互通式立交桥。

互通式立交桥的通行方法：

①苜蓿叶型立交桥通行方法：

通过苜蓿叶型立交桥时，直行车辆按照原方向行驶，右转弯车辆通过右侧匝道行驶。左转弯车辆必须直行通过立交桥，然后转进入匝道再右转270度。

②环形立交桥通行方法：

通过环形立交桥时，除下层路线的直行车辆可以按照原方向行驶以外，其他车辆都必须开上环道，绕行选择去向。

高速公路有什么特点？

高速公路是经济发展的必然产物。第一，高速公路适应工业化和城市化的发展。城市是产业与人口的集聚地，其汽车的增长远比乡村快得多，成为汽车的集聚中心，因此高速公路的建设多从城市的环路，辐射路和交通繁忙路段开始，逐步成为以高速公路为骨干的城市交通。第二，汽车技术的发展，对高速公路建设提出客观要求。目前汽车已成为人类社会必不可少的交通工具，因此需要高速公路等基础设施的配合汽车的轻型化和载重化是两大发展趋势，前者要求速度保障，后者要求承载力，而高速公路恰能使二者有机结合。

高速公路设计行车速度，在野外大多按地形的不同，分为80、

100、120 和 140 公里/时四个等级；通过城市大多采用 60 和 80 公里/时两个等级。高速公路平面线形大多以圆曲线加缓和曲线为主，并重视平、纵、横三维空间立体线形设计。

高速公路在郊外大多为 4 个或 6 个车道，在城市和市郊大多为 6 个或 8 个车道，甚至更多。路面现多采用磨光值高的坚质材料（如改良沥青），以减少路表液面飘滑和射水现象。路缘带有时用与路面不同颜色的材料铺成。硬路肩为临时停车用，也需用较高级材料铺成。在陡而长的上坡路段，当重型汽车较多时，还要在车行道外侧另设爬坡车道。必要时，每隔 2～5 公里在车行道外侧加设宽 3 米、长 10～20 米的专用临时停车带。

高速公路与铁路或其他次要公路相交，可修筑分离式立体交叉；当与其他重要公路相交而转弯车流较多时，应修筑互通式立体交叉。在高速公路两旁适当地点，应修筑集散道路以及加速和减速车道，以控制汽车进出高速公路。

高速公路通过城市时，大多沿城市周围的环道绕过，如有必要穿过城市交通繁忙地区，为减少车辆拥挤、废气和噪声污染，多修成高架式、路堑式或隧道式，有时还要修筑多层式立体交叉或天桥，形成立体交通网。

如果高速公路的中央分隔带较窄，则须于其上设置防眩板或防护栅。高速公路上应设置夜间能发光或反光的交通标志牌。中央分隔带和渠化岛的边缘，以及路面标线上均宜镶设反光器，桥梁、隧道、立体交叉以及城市地区设置大型照明设备。高速公路沿线每隔一定距离要设置收费站、加油站、公用电话、停车场、饭店和旅馆等服务设施。在高速公路交通繁忙地区，可设置交通监视中心，整个地区车辆运行情况，由电视摄像机传到荧光屏，据以指挥交通，还可利用无线电将信息传送给汽车驾驶员。当路上发生交通事故，监视中心可派巡视车或直升机到现场进行处理。

你知道古代的"高速公路" ——秦直道吗？

秦始皇统一六国后，为了维护安定统一的政治局面，加强中央政府对全国各地的控制，对于全国的水陆交通建设十分重视，除了以秦国和其他六国故地的旧有道路为基础广治驰道以外，还陆续兴修了一系列的水陆交通路线，由南向北经过咸阳市境内的秦直道就是其中之一。

当时，子午岭西侧已有萧关古道通往北边，秦始皇又为何要在子午岭山巅新修一条直道呢？

早在秦昭王时期，秦国的北部边界就扩展至今环县的北部一带。为了巩固边防，秦昭王曾在秦国北陲修筑长城。秦统一六国后，版图得到扩展，旧日的长城随即失去了防御北方匈奴的作用，于是又新筑了西自临洮、东至辽东，东西绵延万余里的长城。秦始皇修筑直道与修长城一样，主要是出于对国防的考虑，是他实现一统天下的具有战略意义的工程。循山而不循水，应当是由陇东黄土原区的地理条件决定的，推测其主要因素有两点：一是秦时子午岭山体起伏比现在平缓很多；二是川道沟壑水的流量比现在大许多。除此以外，秦朝对北方游牧民族的防御战争，骑兵调动也应是一个重要考虑。通往北方的萧关古道，它要穿过陇东高原，这里川道不少，川道里不可能都架设桥梁，行走通过自有许多困难。原上虽平坦，但也有沟壑，架桥更加困难，遇有沟壑隔绝，就需绕道沟头，自必延长里程，多费时日。走在河谷里，冰冻冰消，遇暴雨或山洪暴发，更要耽搁时日。为了简便易行，循山开道，显得较为捷近，且少受季节影响。蒙恬身负防卫北边的重任，于秦始皇三十五年（公元前212年）受命筑直道于山上，其设计构思，应该是有这样考虑的。

秦始皇三十七年（公元210年）出巡天下时，原本可能从新开辟的直道南返咸阳，并巡查直道工程进展情况，但东游途中暴崩沙丘，这是他及他的臣僚们事先怎么也没有想到的。秦始皇终究没能看到他亲自下令修建的秦国第二大工程，在遗憾中闭上了双眼。这时，直道还在修建中。直道完全是新开的道路，加之修筑于子午岭峰巅之上，"堑山堙谷"，在当时的条件下，工程浩大艰巨可想而知，显然两年之内是不可能完成的。因此，直至蒙恬含冤而死之际，直道并没有竣工。秦始皇暴毙之后，秦二世为避天下疑揣，不惜父皇生蛆发臭，选择尚未竣工的直道，买了臭鱼与他老爹一同南归。这一因当时具体情势所迫的举动，倒也了却了始皇帝生前想巡视直道的一桩心愿。大约也是秦二世亲历直道后，颇受其中颠簸之苦，所以，日后才有了秦二世续修直道的举措。从秦始皇三十五年（公元前212年）至秦二世三年（公元前207年），历时约五年，其中前两年多可算为一期工程，虽粗可使用，但仍然"道未就"；后两年多则可称为二期工程，修缮之后，直道才完全竣工。新筑的直道与新修的长城呈"丁"字相交，加强了秦都咸阳所在的京畿关中与北方河套地区的联系，使得匈奴不敢轻易南下进犯。

秦直道南以云阳林光宫为起点，首先入甘泉山，甘泉山为子午岭南端的一个分支。也就是说，直道离开林光宫就进入子午岭，循岭北行。在今正宁县刘家店林场入庆阳市境内，后经黑马湾、野狐崾岘、南站梁，而止雕岭关。从雕岭关开始，直道循子午岭主脊，大致呈西北走向，沿途经过庆阳市宁县五里墩，到达兴隆关。再经合水县的黄草崾岘过青龙山，从麻子崾岘入华池县后，纵穿华池县境。先后经墩梁、老爷岭、新庄畔、黄蒿池畔、高崾岘等小村落，入墩儿山，过打扮梁。后沿陕甘两省交界的丁崾岘、墩梁，直达营

嶙岘。营嶙岘是秦直道与战国秦长城的重合之处，也是一处交叉的十字路口。直道沿长城内侧向西北延伸，经营嶙岘，到箱子湾，后在白垡出长城和子午岭，入陕西省定边县的马嶙岘，重合之处长达20公里。从定边县南境起，直道折向东北，经今内蒙古自治区乌审旗、红庆河，再转向北行，过东胜市区的海子湾、城梁，直抵黄河南岸的昭君坟。在此渡过黄河，就是今包头市西的秦九原郡治所在地。全长"千八百里"，合今700余公里，在庆阳市境内有290多公里。

秦直道虽在山巅之上，道路却相当平坦，途中虽有些慢坡，但坡度不是太大。秦直道也非常宽阔，《汉书》中称："道广五十丈"。据有关学者多处勘察，最宽处约60米，一般亦有20米，勘称当时的高速公路。正因为如此，秦朝灭亡以后，直道仍然发挥着重要的作用。西汉初年，匈奴贵族势力曾两度试图进犯关中，其中一次入萧关，却绕道固原直抵渭水，为何不敢从马莲河河谷的萧关古道南下？恐怕也是对马莲河河谷东侧子午岭上的直道心存畏惧。这次入侵，匈奴虽然暂时控制了北地郡，但盘踞不多时日，便很快撤走，害得东阳侯张相如大将军追至边塞，却不见胡人踪影。汉武帝元封元年（公元前110年），汉武帝"自泰山复东至海上，至碣石，自辽西历北边九原，归于甘泉"，所走的正是直道。这次巡幸，司马迁曾经随行，故而能将直道的起止讫地点明确记载下来，并以"行观蒙恬所为筑长城亭障，堑山堙谷，通直道，固轻百姓力矣"来评说蒙恬，对秦人开辟直道的利弊得失进行了历史总结。西汉时期，不仅积极利用秦时所修的直道防御匈奴南犯，而且对于直道的维护也曾有所着力。据《汉书·地理志》记载，当时在北地郡新增了直路县和除道县，这两县分别设在直道子午岭段的南北两端，显然是为了加强对直道的控制。

唐朝建都于长安，强大的突厥雄峙于漠北，频繁南侵关中。唐太宗时期，突厥一次进犯，十万铁骑直达渭河岸边，兵锋威逼长安。后来唐王朝转守为攻，收复失地，设置东、中、西三个受降城控制阴山防线，直道联系北边诸军要镇的作用仍显而易见。一直到了明代，直道仍旧是一条通途，清朝初年才渐趋埋塞。据《正宁县志》记载，"此路一往康庄，修整之则可通车辙。明时以其道直抵银、夏、故商贾经行。今则唐汛费弛，通衢化为榛莽。"不过，颓废的直道骡马驮着重物仍可宽裕行走，一直为民间贸易往来发挥作用。据现在还健在的老"脚户"回忆，他们从定边向南贩盐，就是在直道上往来。这条古道从定边一直通向正宁，平时驴驮马曳，络绎不绝。每当贩运棉花季节，路旁的梢枝上，粘花带絮，煞是好看。

高速公路为什么要限速？

高速公路限速行驶是必需的，也是国际上通行的做法。我国之所以对汽车最高限速120公里，是考虑了诸如道路性能、车辆机械性能、轮胎的随能力、气候特点、驾驶员的生理特性等众多因素，

是在既保证驾驶安全，又保证充分利用道路资源的基础上制定的，因而是科学、合理的。

超速行驶的危害是极其严重的。高速公路上的交通事故，大部分都是由于超速行驶引发的。为什么超速行驶会引发交通事故呢？归纳起来有以下几个方面：

第一，增加了纵向碰撞的可能性。超速行驶的车辆，往往是紧跟其他车辆行驶，当前车采取紧急制动时，后车很容易因距离过近而发生追尾事故。

第二，增加了翻车的可能性。车速过快，当车转向时，离心力就增加。据测算，车速增加3倍，离心力增加9倍。车速越高，产生的离心力越大，当驾驶员遇到情况时，打轮稍急，必定翻车。

第三，影响驾驶员的判断能力。速度越快，反应时间越短，经常听到驾驶员说："我还没有反应呢，事故就出了。"

第四，增大事故后果的严重性。高速公路上发生事故，后果比普通公路严重得多，这是车速过快造成的，速度越快，冲击力越大，这是人所共知的。

停车场都有哪些种类？

停车场指的是供停放车辆使用的场地。

停车场（库）的主要任务是保管停放车辆，但作为一个独立经营的企业，目前在我国尚很少。国内汽车停车场不仅要进行运营工作，还要作简易的技术保养和运营材料的供应。

停车场（库）可分为暖式车库、冷室车库、车棚和露天停车场四类。

暖式车库——具有取暖设备，不受外界气候影响，可使车辆保持良好的技术状况，故适于救护车、消防车等特种车辆的停放和保管。但暖式车库的投资大、维护费高。

冷室车库——库内为自然温度，不受风雨影响，是较好的车辆保管场所，目前多用于机关、宾馆等处。它可有地上、地下，单层、多层等多种建筑方式。

车棚——虽不能防风沙，但也可避免雨雪等对车辆的直接侵蚀，所以用于临时性的车辆保管。

露天停车场——设备简单，保管质量最差，但这类停车场采用甚为普遍，尤其广泛用于专业运输单位和公交车辆的停车处。

无论何种停车场（库）都要满足运营要求，保证安全、迅速、

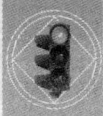

方便地出入车辆，并应布置紧凑，减少占地。

停车场（库）内还要按照车辆回场后的工艺过程，设立清洗、例保、加油、检验等有关设备，以及必要的照明、卫生和消防设施。至于多层车库，则还要有使车辆纵向上下移动的设备，即斜道或升降机。

加油站都有哪些禁忌？

汽车加油站（Gasolinestation）是汽车增添燃料的场所，主要由地下贮油罐、加油柱和管理室三部分组成。它的主要任务是储存、保管、供应汽车用燃油（汽油和柴油）和润滑油等。大多设置在交通干道处，即公共加油站。此外，尚有自用加油站，仅归某单位自用。

加油站还应有足够的场地供车辆加油时通行、临时停放、安装消防设施和绿化之用。

由于石油商品具有易燃爆、易挥发、易渗漏、易聚集静电荷的特性。加油站必须确立"安全第一"的思想，贯彻"预防为主，防消结合"的方针，保证安全经营。加油站工作人员必须经过培训，学习石油商品知识和用油机具知识，掌握业务操作要领，熟悉加油站管理制度，并经过相关主管部门考核合格后方准上岗操作。

用户进站加油规定：

1. 站内严禁烟火。

2. 严禁在加油站内从事可能产生火花性质的作业，诸如不准在站内检修车辆，不准敲击铁器等。

3. 严禁向汽车的汽化器及塑料桶内加注汽油。

4. 所有机动车辆均须熄火加油。摩托车、轻骑、拖拉机等进站前要熄火并不得在站内发动。

5. 严禁携带一切危险品入站。

火车的发展经历了哪些过程？

　　早在 1804 年，一个名叫德里维斯克的英国矿山技师，首先利用瓦特的蒸汽机造出了世界上第一台蒸汽机车。这是一台单一汽缸蒸汽机，能牵引 5 节车厢，它的时速为 5～6 公里。这台机车没有设计驾驶室，机车行驶时，驾驶员跟在车旁边走边驾驶。因为当时使用煤炭或木柴做燃料，所以人们都叫它"火车"，于是一直沿用至今。

　　人类历史上最重要的机械交通工具，早期称为蒸汽机车，也叫列车。有独立的轨道行驶。铁路列车按载荷物，可分为运货的货车和载客的客车，亦有两者一起的客货车。

　　1781 年，火车先驱乔治·斯蒂芬森出生于一个英国矿工家庭。直到 18 岁，他还是一个目不识丁的文盲。他不顾别人的嘲笑，和七八岁的孩子一起坐在课堂里学习。1810 年，他开始制造蒸汽机车。1817 年，斯蒂芬森决定他主持修建从利物浦到曼彻斯特的铁路线上完全用蒸汽机车承担运输任务。但是，保守的铁路拥有者却对蒸汽机车的能力表示怀疑。他们提出，在铁路边上固定的牵引机，用拖缆来牵引火车。斯蒂芬森为了让人们充分相信火车的性能，制造出了性能良好的"火箭"号机车。这种机车的卓越表现终于让怀疑者改变了态度，利物浦——曼彻斯特铁路因此成为世界上第一条完全靠蒸汽机运输的铁路线。

最早使用燃煤蒸汽动力的燃煤蒸汽机车有一个很大的缺点，就是必须在铁路沿线设置加煤、水的设施，还要在运营中耗用大量时间为机车添加煤和水，这些都很不经济。19 世纪末，许多科学家转向研究电力和燃煤蒸汽机车。

世界上第一列真正在轨上行驶的蒸汽火车是由康瓦耳的工程师查理·特里维西克所设计的。它的火车有四个动力轮，1840 年 2 月 22 日试车，空车时，时速 20 公里；载重时，每小时 8 公里（相当于人快步行走的速度）。不幸，火车的重量压垮了铁轨。

1879 年，德国西门子电气公司研制了第一台电力机车，重约 954 公斤，只在一次柏林贸易展览会上做了一次表演。1903 年 10 月 27 日，西门子与通用电气公司研制的第一台实用电力机车投入使用。其时速达到 200 公里。

1894 年，德国研制成功了第一台汽油内燃机车。并将它应用于铁路运输，开创了内燃机车的新纪元。但这种机车烧汽油，耗费太高，不易推广。

1924 年，德、美、法等国成功研制了柴油内燃机车，并在世界上得到广泛使用。

1941 年，瑞士研制成功新型的燃油汽轮机车，以柴油为燃料。且结构简单、震动小、运行性能好，因而，在工业国家普遍采用。

20 世纪 60 年代以来，各国都大力发展高速列车，例如法国巴黎至里昂的高速列车，时速到达 260 公里；日本东京至大阪的高速

列车时速也达到 200 公里以上。

人们对这样的高速列车仍不满足。法国、日本等国率先开发了磁悬浮列车。我国也在上海修建了世界第一条商用磁悬浮列车线，由地铁龙阳路站到浦东机场。这种列车悬浮于轨道之上，时速可达 400 ~ 500 公里。

现代高速火车的发展如何？

日本、法国、德国是当今世界高速火车技术发展水平最高的三个国家。

高速火车的实际应用发源于日本。1959 年，日本国铁开始建造东京至大阪的高速铁路，并在 1964 年开通，全长 515 公里，火车时刻表时速 210 公里，称为东海新干线。随后向西延伸，于 1975 年开通至冈山，1975 年开通至终点站博德，大阪至博德称为山阳新干线，全长 1069 公里。

1982 年，大宫至盛冈间 465 公里的东北新干线开通，同年 11 月，大宫至新潟间的上越新干线也开通运营。1970 年，日本制定"全国新干线火车网建设法"，1972 年日本运输又规划了五条新干线：北陆新干线（东京—大阪—富山）、东北新干线延长线（盛冈—青森）、九州岛新干线（博德—鹿儿岛）、长崎新干线（博德

—长崎）、北海道新干线（青森—札幌）。

法国高速火车称 TGV（Trainà Grande Vitesse，法文高速列车之意）。法国国铁（SNCF）从 1950 年开展高速火车技术研究，1955 年研制的样车试车，就创造了当时的世界最高纪录——火车时刻表时速 331 公里，人们看到了这一技术的发展前景。

法国高速火车实际运营开始于 1967 年，稍晚于日本。但法国国铁不断改进，使 TGV 的速度不断创新高。1981 年，一列由七节车厢组成的 TGV 列车创下了火车时刻表时速 380 公里的新记录。1990 年，第二代 TGV 列车又以 515.3 公里的火车时刻表时速刷新了世界纪录，冲破了被称为极限的 375 公里火车时刻表时速，使 TGV 成为法国人日常生活中不可缺少的一部分。法国高速列车于 2007 年 4 月 3 日在行驶试验中达到 574.8 公里的时速，打破了 1990 年由法国高速列车创下的时速 515.3 公里的有轨铁路行驶世界纪

录。法国 TGV 线路目前分为四部分：巴黎东南线（TGV PSE），由巴黎至里昂运行 3 小时 50 分，火车时刻表时速 260 公里；大西洋线（TGV Atlantique），由巴黎通往大西洋岸，火车时刻表时速 300 公里；北方线（TGV Nord）从巴黎出发，穿越英伦海峡进入英国。另有支线到布鲁塞尔，并延伸至阿姆斯特丹、科伦、法兰克福；东线（TGV Strasbourg），由巴黎到斯特拉斯堡。

德国高速火车称为 ICE（Inter City Express）。1979 年试制成第一辆 ICE 机车。1982 年德国高速火车计划开始实施。1985 年 ICE 的前身 Inter City Experimiental 首次试车，以 317 火车时刻表时速公里打破德国火车 150 年来的纪录。1988 年创造了火车时刻表时速 406.9 公里的纪录。1990 年一台机车加 13 辆车厢的 ICE 列车开始在 Wurzburg – Fulda 高速火车试运行，火车时刻表时速为 310 公里。

1992 年德国火车以 29 亿马克购买了 60 列 ICE 列车，其中 41 列运行于第六号高速火车，分别连接汉堡、法兰克福、斯图加特，运行火车时刻表时速 200 公里。目前，德国已建成高速火车 1000 多公里，到 2000 年，德国计划建成 11 条高速火车。

现在，中国的京津城际铁路已经开通，使用的是 CRH3 型动车组。

磁悬浮列车是怎么产生的？

火车和其他车辆一样，是利用车轮行驶的。火车的轮子不断地在钢轨上滚动，才推动列车飞速前进。然而，车轮也对列车的高速行驶带来不利影响。

随着火车速度的提高，轮子和钢轨产生猛烈的冲击和磨损，引起列车强烈的震动，发出很强的噪声，从而使乘客感到不舒服。不仅如此，由于列车在行驶中所受到的阻力（空气阻力和摩擦阻力）与速度的平方成正比。速度越高，阻力越大。所以，在利用车轮滚动行驶的条件下，当火车行驶速度超过一定值（每小时 300 公里）时，就再也快不了了。

但是，人们总希望火车的速度越快越好。怎样解决这个矛盾呢？有些人就提出把妨碍列车速度提高的车轮甩掉，设法使列车像飞机在空中飞行一样，在钢轨上腾空行驶，不就克服了轮子所带来的各种缺点了吗？于是，没有轮子的火车便随之诞生了。

火车头和车厢都很重，如何使它们腾空起来呢？科学家通过研究，提出了两种解决方法。

第一种办法是，利用功率很强的航空发动机向轨道上喷射压缩空气，使列车的车底和轨道之间形成一层几毫米厚的空气垫，从而

将整个列车托起，悬浮在轨道面上。再用装在后面的螺旋桨式发动机推动列车前进。这种火车通常叫做"气悬浮列车"。由于它好像被气垫托起来一样，所以又叫做"气垫列车"。

法国是世界上最早修建气垫列车的国家。20世纪60年代，在巴黎和奥尔良郊外建成了两条气悬浮式铁路，一条长18公里，另一条长6.7公里，曾进行了多次运行试验。列车的试验速度为每小时200～422公里。1969年在奥尔良郊外使用的气垫车，长26米，宽3.2米，高4.35米，重20吨，可乘80人。

后来，英国也进行了气垫列车试验。

第二种办法是，利用磁体同性相斥的原理，使车体在轨道上悬浮起来，再用发动机推动列车前进。人们把这种列车叫做"磁浮列车"。

　　磁浮列车是在列车的底部装有用一般材料或超导体材料（在一定温度下这种导体的电阻接近于零）绕制的线圈，而在轨道上安装环形线圈。根据法拉第的电磁感应定律，当列车底部的线圈通入电流产生的磁力线被轨道环形线圈所切割，就在环形线圈内产生感应磁场，它与列车底部超导线圈产生的磁场同性相斥，就使列车悬浮起来。由于悬浮列车克服了轮子和轨道的摩擦阻力，因而可使列车的速度达到或超过每小时 300 公里。

　　由于磁浮列车的速度非常快，可与一般飞机的飞行速度媲美，人们称之为"飞行列车"和"超特快"列车。乘坐这种列车，人感到既舒适、安全，又特别迅速。在车内听不到单调刺耳的车轮撞击声，即使行驶速度很快时，乘客也会觉得像坐飞机那样平稳。它的速度可达每小时五百多公里。从北京到上海，距离约 1600 公里。如果乘坐这种没有轮子的火车，只要 3 个小时就可驶完全程，比普通火车快了六七倍。

　　磁浮火车是在 20 世纪 60 年代开始研制的。世界上第一条实用性的磁浮铁路建在联邦德国汉堡市展览馆至展览广场之间，全长 908 米，轨道为高架桥式。磁浮列车长 26.24 米，可载客 68 人。它可浮离轨面 10 毫米运行，最高时速为 75 公里。

　　1979 年 12 月 12 日，日本研制的磁浮列车进行了一次运行试验，时速达到 504 公里。试验是在日本宫崎县向市的铁路试验中心进行的。所用的试验车长 13.5 米，高 2.7 米，宽 3.8 米，重 10 吨。试验时，列车先经过一段短距离行驶，获得起始速度后，列车便在导轨上（通常为单轨，也有双轨的）浮升 100 毫米，并快速向前

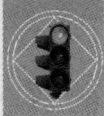

飞驰。

磁浮列车在悬空行驶时，是不使用车轮的。但在起动或刹车时，还需要用车轮。

目前，使磁浮列车走向实用化的技术开发已基本完成。不过，作为整个系统需要解决的问题，还要经过耐久性和可靠性的研究阶段。我国"八五"期间，在国家科委的支持下，对磁浮列车的开发和研制工作组织攻关，进展很快，但对一些实际应用中的有关技术尚需实践检验。中国上海有商业运营的磁悬浮列车，这是目前为止全世界唯一一条商业运营的磁悬浮列车。

火车与地铁有什么区别？

地铁普遍采用的是整体无砟道床，铁轨被直接焊在道床上，连接处用鱼尾板扣好，轨重一般不超过30KG/M。

而目前中国的国铁采用的多为路砟道床加混凝土路枕或木质路枕，轨重可高达60KG/M。

无枕木铁道是城市轨道交通的主流趋势，但是它只适合较轻的车厢。对于我国客货混跑的国铁干线并不适用，因为它承受不住货车的重量。

1. 现在的地铁线路的设计思路基本上是市区内走地下，市区外走地面或者高架，这主要是从建设成本上考虑，并没有一定之规。

2. 地铁轨距和国铁火车轨距是相同的，至少在中国是这样（其他大多数国家也是一样，个别国家不同），都是 1435 毫米。动力上地铁因为通风问题都是电力动车组，而火车则是电力内燃并用。控制方式基本相同。

火车站是怎么分类的？

火车站是从事铁路客、货运输业务和列车作业的处所，是铁路运输部门的基层单位。

一、火车站按作业性质分为客运站、货运站和客货功能兼备的客货运站三种。

客运站功能主要是从事客运业务和客车行车与整备作业。根据需要设置若干到发线和站台以及客运站房。在大型客车站还配备检修和清洗列车等作业的整备场。

货运站功能主要是从事货运业务，包括货物承运、装卸作业和货物列车的到发作业。根据需要设置若干到发线、编组线和货物库场、库房等设施。

客货运站是同时从事客运与货运的车站。客运站与货运站的布

置形式基本分两种：一是通过式的客、货运站，其正线和到发线是贯通的，客运站房和货运库场布置在铁路的一侧；二是尽头式客、货运站，其到发线是尽头式的，客运站房和库场设于到发线的终端或一侧。

二、车站按业务量地理条件划分为特、一、二、三、四、五等站。

为衡量车站客货运量和技术作业量大小，以及在政治上、经济上和铁路网上的地位所划分的不同等级，称为车站等级。

对以单项业务为主的客运站或货运站及编组站，根据铁道部文件，按下列条件划分特、一、二等站。

1. 具备下列三项条件之一者为特等站：

（1）日均上下车及换乘旅客在60000人以上，并办理到达，中转行包在20000件以上的客运站。

（2）日均装卸车在750辆以上的货运站。

（3）日均办理有调作业车在6500辆以上的编组站。

2. 具备下列三项条件之一者为一等站：

（1）日均上下车及换乘旅客在15000人以上，并办理到达，中转行包在1500件以上的客运站。

（2）日均装卸车在350辆以上的货运站。

（3）日均办理有调作业车在3000辆以上的编组站。

3. 具备下列三项条件之一者为二等站：

（1）日均上下车及换乘旅客在5000人以上，并办理到达，中转行包在500件以上的客运站。

（2）日均装卸车在 200 辆以上的货运站。

（3）日均办理有调作业车在 1500 辆以上的编组站。

对办理客、货业务及货物列车编解等技术作业的综合性车站，以下列条件划分。

1. 具备下列三项条件之二者为特等站：

（1）日均上下车及换乘旅客在 20000 人以上，并办理到达、中转行包在 2500 件以上客运的。

（2）日均装卸车在 400 辆以上的货运站。

（3）日均办理有调作业车在 4500 辆以上的编组站。

2. 具备下列三项条件之二者为一等站：

（1）日均上下车及换乘旅客在 8000 人以上，并办理到达、中转行包在 500 件以上的客运。

（2）日均装卸车在 200 辆以上的货运站。

（3）日均办理有调作业车在 2000 辆以上的编组站。

3. 具备下列三项条件之二者为二等站：

（1）日均上下车及换乘旅客在 4000 人以上，并办理到达、中转行包在 300 件以上的客运。

（2）日均装卸车在 100 辆以上的货运站。

（3）日均办理有调作业车在 1000 辆以上的编组站。

4. 具备下列三项条件之二者为三等站：

（1）日均上下车及换乘旅客在 2000 人以上，并办理到达、中转行包在 100 件以上的客运。

（2）日均装卸车在 50 辆以上的货运站。

（3）日均办理有调作业车在 500 辆以上的编组站。

5. 办理综合业务，但按核定条件，不具备三等站条件者为四等站。

6. 只办理列车会让，越行的会让站与越行站，均为五等站。

核定车站登记可考虑车站所在地的政治、经济、文化、外交和运输布局的需要，如首都、中央直辖市及个别省府所在地的车站，可酌定为特等站；省府所在车站及重要的国境站、口岸站，可酌定为一等站或二等站；工矿企业比较集中地区的车站及位于三个方向以上并担当机车更换，列车技术作业的车站，可酌定为二等站或三等站。

三、根据列车作业的性质可分为编组站、区段站、中间站、越行站和会让站 5 种。此外还有为工矿企业服务的专业化的车站。

编组站进行技术作业的编组站专门从事列车的编组和解体，以及车辆与列车的其他技术性作业。配备有机务段和车辆段、到发线、调车线、牵出线和等设施。

区段站则设于牵引区段分界处的车站，主要从事列车技术检查、机车的换挂、区段零担摘挂列车和小运转列车的改编等作业，配备有机车段、车辆段，以及到发线、调车线和牵出线等设施。

中间站主要从事单线铁路列车的会让和双线铁路的越行作业，配备到发线、货物线和牵出线等主要设施。铁路车站发展趋势是作业集中化，设备、设施现代化和操作自动化。

地铁有哪些用途？

地下铁道，简称地铁，亦简称为地下铁。狭义上专指在地下运行为主的城市铁路系统或捷运系统；但广义上，由于许多此类的系统为了配合修筑的环境，可能也会有地面化的路段存在，因此通常涵盖了都市地区各种地下与地面上的高密度交通运输系统。

绝大多数的城市轨道交通系统都是用来运载市内通勤的乘客，而在很多场合下城市轨道交通系统都会被当成城市交通的骨干。通常，城市轨道交通系统是许多都市用于解决交通堵塞问题的方法。

美国芝加哥曾有用来运载货物的地下铁路；英国伦敦亦有专门运载邮件的地下铁路。但两条铁路已先后于 1959 年及 2003 年停用。目前所有城市地下铁路仅为客运服务。

在战争（如第二次世界大战）时，地下铁路亦会被用作工厂或防空洞。不少国家（如韩国）的地铁系统，在设计时都把战争可能计算在设计内，所以无论是铁路的深度、人群控制方面，都同时兼顾日常交通及国防的需要。有些地方的地下铁路建筑在地底下，不单是避开地面的繁忙交通及房屋，还有为避免铁路系统受到户外的恶劣天气的破坏。负面教材有莫斯科地铁地面线：4 号及 L1 号线，受到极端寒冷天气的肆虐导致维修费用已经远远超过地下线的建造

及维修费用。

另外，城市轨道交通系统亦被用作展示国家在经济、社会以及技术上高人一等的指标。例如苏联的地下铁路系统便以车站装饰华丽而出名，而朝鲜首都平壤的地下铁路系统亦有堂皇的装饰。

很多地下铁路行走的隧道，都比在主要干线上的小，所以一般而言，地下铁路的列车体积比较小。有时隧道甚至能影响列车的形状设计，例如伦敦地铁的部分列车便是。

大部分的城市轨道系统都是使用动力分布式（即动车组），而不是使用动力集中式。若果使用动力集中式，经常会用推拉运作。

另外，部分较为先进的系统已开始引入列车自动操作系统。伦敦、巴黎、新加坡及中国台湾、中国香港等国家和地区车长都无须控制列车。更先进的轨道交通系统能够做到无人操控。例如世界上最长的自动化 LRT（light rapid transit system）系统——温哥华 Skytrain，整个 LRT 所有的车站及列车均为"无人管理"。上海轨道交通 1、2、3、4、8 号线已经实现有司机全程监控、控制开关门的半无人驾驶，10 号线也将试行无人驾驶，届时司机将仅仅进行监控。

地铁有什么优缺点？

一、优点

节省土地：由于一般大都市的市区地皮价值高昂，将铁路建于地底，可以节省地面空间，令地面地皮可以作其他用途。

减少噪声：铁路建于地底，可以减少地面的噪声。

减少干扰：由于地铁的行驶路线不与其他运输系统（如地面道路）重叠、交叉，因此行车受到的交通干扰较少，可节省大量通勤时间。

节约能源：在全球暖化问题下，地铁是最佳的大众交通运输的工具。由于地铁行车速度稳定，大量节省通勤时间，使民众乐于搭乘，也取代了许多开车所消耗的能源。

二、缺点

建造成本高：由于要钻挖地底，地下建造成本比建于地面高。

建设周期长：同样由于要挖地道，铺设铁轨，设备等，以及各种调试工作。地铁从开始动工到投入运营需要很长的时间。

前期时间长：建设地铁的前期时间较长，由于需要规划和政府审批，甚至还需要试验。从开始酝酿到付诸行动及破土动工需要非常长的时间，短则几年，长则十几年也是有可能的。

地铁与轻轨有什么区别？

随着中国城市的发展，一些大中型城市已开通或正在建设地铁和轻轨，普通民众由于对城市轨道交通系统接触较少，认识时间较晚，概念上有些误区。有人认为城市轨道交通中，在地面以下行驶的叫地铁，在地面或高架上行驶的就是轻轨；还有人认为轻轨的钢轨重量比地铁轻，这两种认识都是错误的。城市轨道交通分为地铁和轻轨两种制式，地铁和轻轨都可以建在地下、地面或高架上。为了增强轨道的稳定性，减少养护和维修的工作量，增大回流断面和减少杂散电流，地铁和轻轨都选用轨距为1435毫米的国际标准双轨作为列车轨道，与国铁列车选用的轨道规格相同，并没有所谓的钢轨重量轻重之分。

划分两者区别的依据是所选用列车的规格。按照国际标准，城市轨道交通列车可分为A、B、C三种型号，分别对应3米、2.8米、2.6米的列车宽度。凡是选用A型或B型列车的轨道交通线路称为地铁，采用5~8节编组列车；选用C型列车的轨道交通线路称为轻轨（上海轨道交通8号线除外），采用2~4节编组列车，列车的车型和编组决定了车轴重量和站台长度。上海轨道交通3号线采用6节编组A型列车，有90%的线路都是在高架上，但是按照车型分类标准仍然属于地铁线路；上海轨道交通6号线采用4节编组C型列车，有70%的线路都是在隧道内，但是按照车型分类标准仍然属于轻轨线路。A型车是目前最高端的城市轨道交通列车。其特点是车体宽和编组大，A型车宽度为3米，上海轨道交通10号线采用的阿尔斯通Metroplis地铁列车，宽度达到3.2米；6节编组A型地铁列车最大载客量为2460人，上海轨道交通1、2号线的阿尔斯通和西门子8节编组A型地铁列车最大载客量达到3280人。B型车和C型车的造价和技术含量要小于A型车。在我国的规范中，轴重相对较轻，单方向输送能力在1万~3万人次的轨道交通系统，称为轻轨；每小时客运量在3万~8万人次的轨道交通系统，称为地铁。

为什么赵州桥那么被人"追捧"？

赵州桥坐落在河北省赵县洨河上，建于隋代大业年间（公元605 – 618年），由著名匠师李春设计和建造，距今已有约1400年的历史，是当今世界上现存最早、保存最完善的古代敞肩石拱桥。

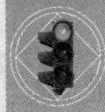

1991 年，美国土木工程师学会将赵州桥选定为第 12 个"国际历史土木工程的里程碑"，并在桥北端东侧建造了"国际历史土木工程古迹"铜牌纪念碑。

赵州桥是入选中国世界纪录协会世界最早的敞肩石拱桥，创造了世界之最，被誉为"华北四宝之一"。桥长 50.82 米，跨径 37.02 米，券高 7.23 米，两端宽 9.6 米，中间略窄，宽 9 米。是当今世界上跨径最大、建造最早的单孔敞肩石拱桥。因桥两端肩部各有两个小孔，不是实的，故称敞肩型，这是世界造桥史的一个创造（没有小拱的称为满肩型或实肩型）。桥上有很多的东西，类型众多，丰富多彩。唐朝的张鹭说，远望这座桥就像："初月出云长虹饮涧"。

赵州桥之所以这么被人追捧，源于它那独具匠心的设计创新：

1. 采用圆弧拱形式，改变了我国大石桥多为半圆形拱的传统。我国古代石桥拱形大多为半圆形，这种形式比较优美、完整，但也存在两方面的缺陷：一是交通不便，半圆形桥拱用于跨度比较小的桥梁比较合适，而大跨度的桥梁选用半圆形拱，就会使拱顶很高，造成桥高坡陡、车马行人过桥非常不方便。二是施工不利，半圆形拱石砌石用的脚手架就会很高，增加施工的危险性。为此，李春和工匠们一起创造性地采用了圆弧拱形式，使石拱高度大大降低。赵州桥的主孔净跨度为 37.02 米，而拱高只有 7.25 米，拱高和跨度之比为 1：5，这样就实现了低桥面和大跨度的双重目的，桥面过渡平稳，车辆行人非常方便，而且还具有用料省、施工方便等优点。当然圆弧形拱对两端桥基的推力相应增大，需要对桥基的施工提出更高的要求。

2. 采用敞肩。这是李春对拱肩进行的重大改进，把以往桥梁建筑中采用的实肩拱改为敞肩拱，即在大拱两端各设两个小拱，靠近大拱脚的小拱净跨为3.8米，另一拱的净跨为2.8米。这种大拱加小拱的敞肩拱具有优异的技术性能。首先，可以增加泄洪能力，减轻洪水季节由于水量增加而产生的洪水对桥的冲击力。古代洨河每逢汛期，水势较大，对桥的泄洪能力是个考验，四个小拱就可以分担部分洪流。据计算四个小拱可增加过水面积16%左右，大大降低洪水对大桥的影响，提高大桥的安全性。其次，敞肩拱比实肩拱可节省大量土石材料，减轻桥身的自重。据计算四个小拱可以节省石料26立方米，减轻自身重量70吨，从而减少桥身对桥台和桥基的垂直压力和水平推力，增加桥梁的稳固。第三，造型优美，四个小拱均衡对称，大拱与小拱构成一幅完整的图画，显得更加轻巧秀丽，体现建筑和艺术的完整统一。第四，符合结构力学理论，敞肩

拱式结构在承载时使桥梁处于有利的状况，可减少主拱圈的变形，提高了桥梁的承载力和稳定性。

3. 单孔。我国古代的传统建筑方法，一般比较长的桥梁往往采用多孔形式，这样每孔的跨度小、坡度平缓，便于修建。但是多孔桥也有缺点，如桥墩多，既不利于舟船航行，也妨碍洪水宣泄；桥墩长期受水流冲击、侵蚀，天长日久容易塌毁。因此，李春在设计大桥的时候，采取了单孔长跨的形式，河心不立桥墩，使石拱跨径长达 37 米之多。这是我国桥梁史上的空前创举。

赵州桥有哪三绝？

一、"券"小于半圆

我国习惯上把弧形的桥洞、门洞之类的建筑叫做"券"。一般石桥的券，大都是半圆形。但赵州桥跨度很大，从这一头另那一头有 37.02 米。如果把券修成半圆形，那桥洞就要高 18.51 米。这样车马行人过桥，就好比越过一座小山，非常费劲。赵州桥的券是小于半圆的一段弧，这既降低了桥的高度，减少了修桥的石料与人工，又使桥体非常美观，很像天上的长虹。

二、"撞"空而不实

券的两肩叫"撞"。一般石桥的撞都用石料砌实，但赵州桥的

撞没有砌实，而是在券的两肩各砌一两个弧形的小券。这样桥体增加了四个小券，大约节省了180立方米石料，使桥的重量减轻了大约500吨。而且，当洨河涨水时，一部分水可以从小券往下流，既可以使水流畅通，又减少了洪水对桥的冲击，保证了桥的安全。

三、洞砌并列式

它用28道小券并列成9.6米宽的大券。可是用并列式砌，各道窄券的石块间没有相互联系，不如纵列式坚固。为了弥补这个缺点，建造赵州桥时，在各道窄券的石块之间加了铁钉，使它们连成了整体。用并列式修造的窄券，即使坏了一个，也不会牵动全局，修补起来容易，而且在修桥时也不影响桥上交通。

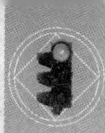

桥的基本结构是怎样的？

桥是一种架空的人造通道。由上部结构和下部结构两部分组成：上部结构包括桥身和桥面；下部结构包括桥墩、桥台和基础。它们高悬低卧，形态万千，有的雄踞山岳野岭，古朴雅致；有的跨越岩壑溪间，山川增辉；有的座落闹市通衢，造型奇巧；有的一桥多用，巧夺天工。不管风吹雨淋，无论酷暑严冬，它们总是默默无闻地为广大的行人、车马跨江过河，飞津济渡服务。建桥最主要的目的，就是为了解决跨水或者越谷的交通，以便于运输工具或行人在桥上畅通无阻。若从其最早或者最主要的功用来说，桥应该是专指跨水行空的道路。

桥梁的构造，除较原始的独木桥、汀步桥以及浮桥外，一般均由跨空部分和跨空支承部分构成，即桥身与桥墩组成。

一、梁桥

根据其所用材料和构造情况，可分为木梁桥和石梁桥。"木梁桥"包括木梁木柱桥、木梁石柱桥、木梁石墩桥、木撑架桥，其中"木梁石柱桥"是从木梁木柱这种原始的木桥发展而来的。

"石梁桥"包括石梁石柱桥、石梁石墩桥、石伸臂桥（类似木伸臂桥）、三边石梁桥、漫水石梁桥、石板平桥（多见于园林中的

"曲桥"和"纤道桥")。其中以"石梁石墩桥"最为常见。这种桥比用石墩木梁又更进一步，避免了木梁桥面易于腐朽、需常维修的缺点。

桥梁中还有一种与浮桥相结合的桥式，即"开合式桥"。其中间浮桥可根据需要开合启闭。如潮安县的湘子桥，其东西两端是石梁桥，中间则用 18 只木船搭成浮桥相连接，以利排渲洪水，及"通巨舰，排放木筏"之用。

二、拱桥

根据其构造情况以及拱券的圆弧和排列形式可分为：陡徒和坦拱式拱桥，尖拱和圆拱式拱桥，连拱和固端式拱桥，单孔和多孔式拱桥，实腹和空腹式拱桥，以及虹桥等。其拱券的圆弧则有半圆、马蹄、全圆、锅底、蛋圆、椭圆、抛物线圆及折边等形式，排列形式则有并列和横联两种，其中横联式应用最多，并派生出镶边横联券和框式横联券两种。

三、索桥

根据其采用不同质地的绳索及过渡和构造形式，可分为竹索、铁索、藤索和溜索桥、城防吊桥，以及单索、双索、多索网状桥、并列多索桥等。

为什么中国被誉为"桥的故乡"?

"梁之字，用木跨水，今之桥也。"说明桥的最初含义是指架木于水面上的通道，以后方又引申为架于悬崖峭壁上的"栈道"和架于楼阁宫殿间的"飞阁"等天桥形式。现代的桥又在城市交通中发挥着重要作用，平地起桥（立交桥），贯通东西南北，不仅有助于缓解交通堵塞，还成为现代化城市一道亮丽的风景。中国是桥的故乡，自古就有"桥的国度"之称，发展于隋朝。

中国山川众多、江河纵横，是个桥梁大国，在古代无论是建桥技术，还是桥梁数量都处于世界领先地位。千百年来，桥梁早已成为人们社会生活中不可缺少的组成部分。但由于我国幅员辽阔，从南到北，从东到西，在地理气候、文化习俗以及社会生产力发展水平上，都存在较大的差异。因此，各地立足于自己的实际条件和根据自己的需要，经过长期的探索，遂创造出多种多样的桥梁形式，并逐步形成了自己的特色，具体说来大致有如下特点：

1. 地域性

我国土地辽阔，南北之间和东西之间的桥梁，受所在自然地理和人文社会条件的影响，因地制宜，都形成了各自相对独立的风格和特色。如北方中原地区、黄河流域，地势较为平坦，河流水域较少，人们运输物资多赖骡马大车或手推板车。因此，这里的桥梁多为宽坦雄伟的石拱桥和石梁桥，以便于船只从桥下通过；西北和西南地区，山高水激、谷深崖陡，难以砌筑桥墩，因此，多采用藤条、竹索、圆木等山区材料，建造绳索吊桥或伸臂式木梁桥；岭南闽粤沿海地区，盛产质地坚硬的花岗岩石，所以石桥比比皆是；而云南少数民族地区，因竹材丰富，便到处可见别具一格的各式竹材桥梁。从桥梁的风格上看，北方的桥如同北方的人，显得粗犷朴实；南方的桥也同南方的人，显得灵巧轻盈。当然，这跟自然地理条件也有极大关系，如北方的河流因水流量变化很大，又有山洪冰块冲击，故桥梁必须厚实稳重；而南方河流水势则较平缓，又要便于通航，故桥梁相对较纤细秀丽。

2. 多种多样性

我国是个文明古国，地大物博，山河奇秀，南北地质地貌差异较大，因此对建桥的技术要求也高。大约在汉代时，桥梁的四种基本桥型（梁桥、浮桥、索桥、拱桥）便已全部产生了。这四种桥根据其建筑材料和构造形式的不同，又分别演化出：木桥、石桥、砖桥、竹桥、盐桥、冰桥、藤桥、铁桥、苇桥、石柱桥、石墩桥、漫水桥、伸臂式桥、廊桥、风雨桥、竹板桥、石板桥、开合式桥、溜索桥、三边形拱桥、尖拱桥、圆拱桥、连拱桥、实腹拱桥、坦拱桥、徒拱桥、虹桥、渠道桥、曲桥、纤道桥、十字桥，以及栈道、飞阁等，几乎应有尽有，什么形式的古桥，在我国都能找到。

3. 多功能性

我国古代的匠师建桥，很注意发挥桥梁的最大效益，既能考虑

到因地制宜、一切从实用出发，又能考虑使桥梁尽量起到多功能的作用。如江南的拱桥多为两头平坦，中间高拱隆起，使之既产生造型上的弧线美，又利于行舟。而南方地区广见的廊式桥，则更充分反映了一桥多用的特点。南方雨多日照强，桥匠便在桥上修建廊屋，这不仅为过往行人提供了躲避风雨日照、便于歇息的场所，而且还增加了桥梁的自重，以免洪水把桥冲垮，并起到保护木梁、铁索不受风雨腐蚀的作用。特别是很多此类廊桥，因是人员过往要冲，故还利用它兼作集市、住宿和进行商业活动。如广东潮安县的湘子桥，这座桥全长500余米，有着"一里长桥一里市"之称，桥中设一段可以开合的浮桥，以利通航；桥上建廊屋、楼宇作集市，其间店面栉比，自晨至暮，熙熙攘攘，热闹非凡，以致不闻不见咆哮的潮水和宽阔的江面，故民间流传有"到了湘桥问湘桥"的笑话。

4. 群众公益性

桥梁自产生，便以属于民众共有的社会性出现。我国的传统建筑，一般为私有性，唯有桥梁（除私有的园林中桥梁外），不管是官修私建的，都为社会所公有。故数千年来，爱桥护路成为一种良好风尚，而"修桥铺路"则是造福大众的慈善行为，被民众所推崇。因此，修桥或建桥具有广泛的群众性。查看史志，我国历来修桥建桥的方式，大概有四种：一是民建，即由一家一姓独立建桥；二是募捐集资，报经官府支持，协力兴建。此种最为多见，如著名的赵州桥、泉州洛阳桥等，都是用此方式建成的；三是官倡民修，由地方官倡导，士绅附和认捐，并指派官吏或商绅主持完成，此多属较大的桥梁；四是全由官府拨款施工兴建的。所以，我国古桥遍布各地，连穷乡僻壤也多建桥。其数量之多，分布之广，居世界首位。

你知道机场的用途和类别吗？

机场，亦称飞机场、空港，较正式的名称是航空站，为专供飞机起降活动之飞行场所。除了跑道之外，机场通常还设有塔台、停机坪、航空客运站、维修厂等设施，并提供机场管制服务、空中交通管制等其他服务。

一、机场用途

机场主要的用途是什么呢？

（1）让飞机安全、确实、迅速起飞的能力。

（2）安全确实地载运旅客、货物的能力，同时对于旅客的照顾也要求舒适。

（3）对飞机维护和补给的能力。

（4）让旅客、货物顺利抵达附近城市中心（或是由都市中心抵达机场）的能力。

（5）国际机场的话，则必须要有出入境管理、通关和检疫（CIQ）相关的业务。

二、机场分类

机场一般分为军用和民用两大类，用于商业性航空运输的机场也称为航空港（Airport），我国把大型民用机场称为空港，小型机场称为航站。

按机场规模和旅客流量可将机场分为三种类型：

1. 枢纽机场

是指在国家航空运输中占据核心地位的机场，这种机场无论是旅客的接送人数，还是货物吞吐量，在整个国家航空运输中都占有举足轻重的地位。其所在城市在国家经济社会中居于特别重要的地位，是国家的政治或经济中心。

2. 干线机场

其所在城市是省会（自治区首府，直辖市），重要开放城市，旅游城市或其他经济较为发达、人口密集的城市，无论旅客的接送人数，还是货物吞吐量相对较大。

3. 支线机场

除上面两种类型以外的民航运输机场。虽然它们的运输量不大，但作为沟通全国航路或对某个地区的经济发展起着重要作用。

你知道空中的交通规则吗？

和地面交通一样，天上也需要有一套交通规则，用于规范驾驶员的驾机行为。同时还设有空中交通管制员执行管理任务，从而创造一个安全、有序、高效率的空中交通环境。

空中的交通规则叫飞行规则，是借鉴地面交通规则的经验制定的。它的核心目的是要保障机上人员和飞经区域的地面群众的人身和财产安全。飞行规则分为通用飞行规则、目视飞行规则和仪表飞行规则三部分，通用飞行规则是各类飞机共同遵守的基本规则，它的主要要求是：非经特殊允许，飞机不能在居民密集区域上空飞行，不能从机上向下抛任何物体。为了防止相撞，规定飞机在相对飞行相遇时，各自向右转躲避对方；在同向飞行时，如果要超越前方的飞机，后面的飞机要改变高度或从右侧超越。航向不同的飞机在空中交会时，左方的飞机要为右面的飞机让路。空中的"交通警察"——空中交通管制员不像在陆地上执勤的警察可以在十字路口等地面对面地指挥汽车司机，他们靠飞机报告的所在位置和控制飞行的时间间隔来指挥飞机。因此在通用飞行规则中，要求在航线上飞行的飞机事先要提供飞行计划，被批准后，飞机才能被放行。在飞行时要得到管制员的许可，而且在规定的报告点向管制员报告飞

经的时间、飞行高度等。由于对时间的控制是空中交通管制的基础，所以空中交通体系包括飞机和管制塔台都统一使用协调的世界时，以保证空中交通管理的精确度。

针对目视导航或仪表导航的飞机分别制定了目视飞行规则和仪表飞行规则。目视飞行时，驾驶员主要依靠视觉来判断和发现其他飞行物或地面障碍物。目视飞行规则的基础就是飞机能"看见"和"被看见"，也就是飞机之间、飞机和地面管制员之间能相互看见，用于保证飞行安全。目视飞行规则对能见度和天气情况作出了严格的规定，规定了目视飞行气象条件标准。如果天气状况达不到这些标准，飞机就不能被放飞。小型低高度的飞机大多采用目视飞行；大型飞机在气象条件许可时，尤其是在机场上空，空中交通繁忙区域，因为目视飞行灵活，有时也采用目视飞行。在空中管制工作中，目视飞行只占其工作量的一小部分。

仪表飞行规则是专门为使用无线电仪表导航的飞机制定的，它规定了靠仪表飞行时的气象条件。在仪表飞行时驾驶员仅靠仪表观测和管制员的指示飞行即可，不需要看到其他飞机和地面情况，因此仪表飞行的气象条件要宽于目视飞行。仪表飞行大大降低了天气对飞行可能造成的影响。仪表飞行规则要求飞机上必须配置齐全规定的飞行仪表和无线电通信设备；相应的，驾驶员也必须具备熟练使用这些仪表和设备的能力。驾驶员只有在取得仪表飞行的驾驶执照后，才能进行仪表飞行。现在空中飞行的绝大多数航班都采用仪表飞行。

世界最大的机场在哪里？

迪拜筹资820亿美元，兴建世界上最大的阿勒马克图姆机场。

位于迪拜西南方401公里的杰贝·阿里市，阿联酋政府投资820亿美元大兴土木打造占地140平方公里、号称全世界最大的机场。

往来中东的商旅凡经过迪拜机场，无不为它的规模与大理石搭配镀金的豪华气派装潢而惊叹。至2005年，入境和过境迪拜机场的旅客数已达2470万人次，仅次于韩国，成为世界增长第2快的机场。

为减轻迪拜机场的负担，阿国政府决定另于杰贝·阿里辟建一座每年可容纳1.2亿人次旅客、拥有6条飞机起降跑道、2座航站大厦的航空城。估计2017年完工。

据阿国政府的规划，阿勒马克图姆机场的6条跑道，将保留一条专供货机卸载，凡经迪拜港转口的远洋货柜，可从码头直接运送至此，所有的作业都于免税的自由贸易区内一气呵成。

至于新机场其他空间的运用，阿国政府打算再斥资330亿美元，修建占地面积为中国香港两倍的"迪拜世界中心"，结合7星级的帆船饭店，使迪拜成为结合金融、观光功能的全球商业重镇。

什么决定了飞机飞行的高度?

　　由于高度越高, 空气密度就越低, 所以飞机的飞行高度一般比固定翼飞机要低很多。由于随着飞行高度的升高, 空气密度会逐渐减小, 所以大气压力也随之减小。在近地面大气层中, 海拔高度每升高 100 米, 气压约降低 9.5 毫米汞柱, 在高空的大气层则小于这个数值。随着飞行高度的增加, 空气密度的减小, 飞机发动机的可用功率就会减小, 旋翼的效率也会减小, 飞机的操纵性也会变差。

　　随着飞行高度的升高, 大气温度也会逐渐降低, 到一定高度后, 导致飞机结冰的危险就会增加, 尤其是在靠近云底和在湿度大的空域飞行时。

飞机的最大飞行速度也会随着飞行高度的增加而降低, 其表速是随空气密度和温度的变化而同步变化的。高空飞行应注意避免剧烈的飞行动作, 还应注意避免在结冰条件下飞行。

通常，风速会随海拔高度的增加而增大。在摩擦层 1500 米以下，风向变化较大；在摩擦层以上，风随高度的变化较有规律。飞行中应注意掌握气流的变化规律。

所以，飞机的飞行高度是由机身所采用的材料、发动机的功率、旋翼的性能所决定的。最后要说明的一点是飞行员的技术也很重要！

轮船是怎么被发明的？

"轮船"一词始于我国唐代，它的出现与船的动力改革有关。

不用风帆而用蒸汽轮机做前进动力的船叫蒸汽船。蒸汽船使用的燃料是煤，它的船外面有一个大轮子，所以也叫"轮船"。

南北朝时期的中国人，已发明了轮船。以船侧轮子的转动代替划桨，以轮激水前进。古称为"车船"、"车轮轲"。在这里，轮成为以连续运动代替间歇运动的机械。

史载，祖冲之发明"千里船"，在建康（南京）新亭江试航，"日行百余里"。可惜，该记载未明确指出，祖冲之是否以轮代桨作为动力机械。

唐代李皋发明了"桨轮船"。他在船的舷侧或艉部装上带有桨叶的桨轮，靠人力踩动桨轮轴，使轮轴上的桨叶拨水推动船体前

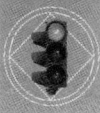

进。因为这种船的桨轮下半部浸入水中，上半部露出水面，所以称为"明轮船"或"轮船"，以便和人工划桨的木船、风力推动的帆船相区别。

至宋代，火药与轮船，已成为两项最重要的军事武器。宋将韩世忠在 1129 年镇江黄天荡战役中"用飞轮八楫，踏车蹈回江面"，有力打击金人完颜亮；在采石矶战役中，宋将虞允文的轮船战舰使金兵"相顾骇愕"等史事，都是明证。随着轮船制造技术的提高，船中桨轮数量也从 2 轮发展到 4 轮、8 轮、20 轮，甚至 32 轮。

1690 年，法国的德尼·巴班提出用蒸汽机作动力推动船舶的想法，但当时还没有可供实用的蒸汽机，故设想无法实现。

1769 年，法国发明家乔弗莱把蒸汽机装上了船。但所装的蒸汽机既简陋又笨重，而且带动的又是一组普通木桨，航速很慢，未能显示出机动船的优越性。

1783 年乔弗莱又建成了世界上最早的蒸汽轮船"波罗斯卡菲号"，但是航行 30 分钟后，船上蒸汽锅炉发生爆炸。

1790 年美国的约翰·菲奇用蒸汽机带动桨划水，其效率极低，菲奇的发明没有受到人们的重视。

1802 年，英国人威廉·西明顿采用瓦特改进的蒸汽机制造成世界上第一艘蒸汽动力明轮船"夏洛蒂·邓达斯号"，在苏格兰的福斯——克莱德运河下水，试航成功。这是一艘 30 英尺长的木壳船，船中央装上西明顿设计的蒸汽机，推动一个尾部明轮。轮船的出现对拖船业主们是一个打击，他们以汽轮船产生较大的波浪为由，拼命反对，由此第一艘汽轮船被扼杀在摇篮里。

美国的约翰·史蒂芬森于 1804 年建成具有世界上最早有螺旋桨的轮船。由于推动螺旋桨的蒸汽机转速太低，所以他当时认为推进器还是轮桨较好。

1807 年，他建造了带轮桨的"菲尼克斯"号轮船。"菲尼克斯"号从纽约沿海岸驶向费城进行试航，途中遇到风暴。但经过 13 天的航行还是平安地到达费城，这是世界上轮船首次在海上航行。

被人们称为"轮船之父"的罗伯特·富尔顿是美国机械工程师。1807 年 7 月他设计出排水量为 100 吨、长 45.72 米、宽 9.14 米的汽轮船"克莱蒙特"号。船的动力是由 72 马力的瓦特蒸汽机带动车轮拨水。8 月 17 日，载有 40 名乘客的"克莱蒙特"号从纽约出发，沿着哈德逊河逆水而上，31 小时后，驶进 240 公里以外的奥尔巴尼港，平均时速 7.74 公里，从此揭开了轮船时代的帷幕。此后它在哈德逊河上定期航行，成为世界上第一艘蒸汽轮船，奠定了轮船不容摇撼的地位。

1829 年，奥地利人约瑟夫·莱塞尔发明了可实用的船舶螺旋桨，克服了明轮推进效率低、易受风浪损坏的缺点。此后螺旋桨推进器逐渐取代了明轮。

蒸汽机船发明后，用蒸汽机为动力代替人力带动桨轮，沿用了

100 多年之久。

用明轮驱动的最大船只是 1855 年的"大东方号"。它长 200 多米，可惜经营不善，没有什么乘客。

1884 年，英国发明家帕森斯（C. Parsons，1854 年～1931 年）设计出了以燃油为燃料的汽轮机。此后，汽轮机成为轮船的主要动力装置。

轮船的发明和不断改进，使水上运输发生了革命性的变化。第二次世界大战之后，世界海运量平均每 10 年翻一番。据统计，2004 年世界海上货运量达到了 654200 万吨。

轮船有哪些分类和用途？

按不同的标准，轮船有不同的分类：

1. 按民用运输可分为客船、货船、渡船、驳船；

2. 按航行区域可分为海船、内河船和港湾船；

3. 按航行状态可分为排水船、滑行艇、水翼船、气垫船、冲翼艇；

4. 按动力装置可分为蒸汽动力装置船、内燃机动力装置船、核动力船、电力推进船；

5. 按推进器形式可分为螺旋桨船、平旋推进器船、喷水推进器船、喷气推进器船、螺杆艇、明轮船。

在诸多船舶中，最常见的是钢质船、内燃机动力船、螺旋桨推进船等。轮船发展至今，战略用船已经越来越先进，其中包括各类战略舰船、巡洋舰等。

轮船促成了人类生活的改变，造成人类以往连做梦也无法想到的世界各国相互依存的关系。今天，现代化的轮船，其中有客轮、货轮和油轮，正在从事着各种关系人类命运的全球性商业航运。如世界上最大的发达国家——美国，在 20 世纪 70 年代初期，每年海运进口货物超过 3 亿吨，总价值超过 300 亿美元。其中一些奢侈品如瑞士钟表、俄国毛皮、苏格兰威士忌酒、意大利鞋、丹麦家具、法国葡萄酒，只不过占进口货物总值的一小部分；主要的进口货物是原料，包括 4 亿桶以上的原油、4000 万吨铁矿石、1500 多万吨铝土矿石，以及国民生活不可缺少的其他物品。

谁发明了自行车？

现在，自行车像潮水一样，遍及世界各地，进入家家户户。但很少有人知道，发明自行车的是德国的一个看林人，名叫德莱斯（1785—1851 年）。

德莱斯原是一个看林人，每天都要从一片林子走到另一片林

子，多年走路的辛苦，激起了他想发明一种交通工具的欲望。他想：如果人能坐在轮子上，那不就走得更快了吗！就这样，德莱斯开始设计和制造自行车。他用两个木轮、一个鞍座、一个安在前轮上起控制作用的车把，制成了一辆轮车。人坐在车上，用双脚蹬地驱动木轮运动。就这样，世界上第一辆自行车问世了。

1817年，德莱斯第一次骑自行车旅游，一路上受尽人们的讥笑……他决心用事实来回答这种讥笑。一次比赛，他骑车4小时通过的距离，马拉车却用了15个小时。尽管如此，仍然没有一家厂商愿意生产、出售这种自行车。

1839年，苏格兰人马克米廉发明了脚蹬，装在自行车前轮上，使自行车技术大大提高了一步。此后几十年中，涌现出了各种各样的自行车，如风帆自行车、水上踏车、冰上自行车、五轮自行车等，自行车逐渐成为大众化的交通工具。以后随着充气轮胎、链条等的出现，自行车的结构越来越完善。

德莱斯还发明了绞肉机、打字机等，都能减轻劳动强度。现在铁路工人在铁轨上利用人力推进的小车，也是德莱斯发明的，所以称它为"德莱斯"。

自行车有哪些分类？

1. 公路自行车（Roadbicycle）

公路车是用来在平滑公路路面上使用的车种。由于平滑路面阻力

较小，公路自行车的设计考虑更多的是高速，往往使用可减低风阻的下弯把手。较窄的高气压低阻力外胎，档位较高，且轮径比一般的登山越野车都大，由于车架和配件无须像山地车一样需要加强，所以往往重量较轻，在公路上骑行时效率很高。由于车架无须加强又往往采用简单高效的菱形设计，公路车是最为优美的自行车。

2. 场地自行车（Trackbicycle）

用于在室内极其平滑的椭圆形赛道上使用的自行车。这种自行车没有车闸（刹车），没有变速器，且没有可逆转的飞轮。

三项赛/计时赛自行车（Triathlon/TimeTrialbicycle） 在三项赛和计时赛运动中使用的公路自行车，三项赛和计时赛的最大特点就是不允许使用牵引气流（draft），也就是说选手必须完全通过自己的力量来克服空气阻力，而不许骑在其他选手后面。所以三项赛/计时赛自行车在设计时非常注重让选手保持一个减小空气阻力的骑行姿势，同时注意减小自行车自身的空气阻力。三项赛自行车还让选手在骑行时使用和跑步时相近的肌肉组，这样使从骑行到跑步的转换更容易。

3. 山地自行车（Mountainbike）

山地自行车起源于 1977 年美国旧金山。设计为骑乘于山区的车种，通常具有变速器可变换省力或快速的档位，有些会在车架安装避震器，部分轮胎胎皮是巧克力胎纹，以便于在无铺面的路面骑乘。山地车零件的尺寸一般为英制单位。车圈为 24/26/29 英寸，轮胎尺寸一般为 1.0 ~ 2.5 英寸之间。车架尺寸也以英制为单位，例如 14″、17″、19″来表示车架尺寸的大小。

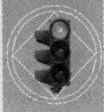

4. 速降自行车（DownHillbike）

速降自行车，也称落山自行车，英文简称 DH。是一种极具挑战性的活动。骑手利用特制的 DH 自行车在山坡上滑翔，甚至坠山来寻求刺激。活动多在山脊、矿洞、雪地等地开展。奥地利人利用 DH 创造出 210.4km/h 的世界纪录。速降自行车的车架角度与山地自行车有所区别，零件与山地自行车一样都为英制单位。进行此项活动时必须佩戴头盔、护甲等装备。前叉减震的行程比山地自行车及 XC 自行车要长。轮胎宽度一般超过 2 英寸。

5. 斜躺自行车（Recumbent）

与传统设计上较不一样的自行车。通常有较大且舒适的座椅，两轮或三轮。优点是舒适，且风阻低。

6. 旅行自行车（Touringbicycle）

由公路自行车发展而来。适合超远程自给自足的旅行，有较舒适放松的车架几何设计，能够负重，有很低的最低档位，使用较宽的车胎，配件选择方面追求可靠耐用而不太侧重减轻重量，往往是用山地车脚踏板。

7. 越野公路车（Cross – countrycycling）

由公路自行车发展而来，起源于骑手们想用一辆自行车同时征服公路和山地，于是骑手们选用较结实的公路车架和轮子，再安装上更强的车闸和很宽的车胎，使用山地车脚踏板。越野公路车既可以在公路上实现较高速度，也有一定的越野能力。

8. 双人/多人自行车（Tandem bicycle）

又称为协力车，由两人以上协同出力，由第一位控制方向。

9. 折叠车（Folding bicycle）

是为了便于携带与装进车内而设计的车种。有些地方的铁路及航空等公共交通工具允许旅客随身携带可折叠收合并装袋的自行车。

10. 电动自行车（Motorized bicycle）

一种以一半电力驱动和一半人力驱动的环保电动交通工具。电动自行车可以自动侦测双脚施力状况，在需要时以适当的动力辅助踏踩，自动调节动力。在中国广州等地区，因为电池回收等问题，禁止使用电动自行车。

11. 小轮车（Cycling BMX）

一种专门用于极限运动的自行车。这类车为了更适合特技表演而作出了不少改造，比如更轻量化的车身。

最早发明的汽车是怎样的？

1885 年德国工程师卡尔·本茨在曼海姆制成了的一辆汽车。该车为三轮，采用一台两冲程单缸 0.9 马力的汽油机，具备现代汽车的基本特点，如火花点火、水冷循环、钢管车架、钢板弹簧悬架、后轮驱动、前轮转向等。人们一般都把卡尔·本茨制成第一辆三轮车的 1885 年视为汽车诞生之年。

卡尔·本茨发明了许多不同型号的汽车，但它们都像马车式一样，发动机装在车后，乘客相对而坐。

对许多人来说，汽车，可以改变他们的生活方式，可以让他们的生活更精彩。汽车，更是强有力的加快城市化进程的助推器，它一定程度地反映了社会、经济发展和技术进步的水平，在特定的地域和空间，它还折射着极具东西方文化特色的人文理念。

总之，汽车是奇妙的，它常常被打上不同的经济、技术、文化甚至政治的烙印。汽车和汽车相关产业的发展，开创了社会发展的新空间，令世人瞩目。

汽车车身是怎么演变的？

从 19 世纪末到 20 世纪初期，汽车设计师把主要精力都用在了汽车的机械工程学的发展和革新上。到 20 世纪前半期，汽车的基本构造已经全部发明出来后，汽车设计者们开始着手从汽车外部造型上进行改进，并相继引入了空气动力学、流体力学、人体工程学以及工业造型设计（工业美学）等概念，力求让汽车能够从外形上满足各种年龄、各种阶层，甚至各种文化背景的人的不同需求，使汽车成为真正的科学与艺术相结合的最佳表现形象，最终达到最完善的境界。

汽车造型师们把汽车装扮成人类的肌体。例如：汽车的眼睛——前照灯；嘴——进风口；肺——空气滤清器；血管——油路；神经——电路；心脏——发动机；胃——油箱；脚——轮胎；肌肉——机械部分。力图将一个冷冰冰的机械注入以生命，使之具有非凡的艺术魅力，给人以美感。汽车车身形式在发展过程中主要经历了马车型汽车、箱型汽车、甲壳虫型汽车、船型汽车、鱼型汽车、楔形汽车。

一、马车型汽车

我国古代早有"轿车"一词，是指用骡马拉的轿子。当西方汽车大量进入中国时，正是封闭式方形汽车在西方流行之时。那时汽车的形状与我国古代的"轿车"相似，并与"轿车"一样让人感到荣耀。于是，人们就将当时的汽车称为轿车。最早出现的汽车，其车身造型基本上沿用了马车的形式，因此称为"无马的马车"，英文名 Sedan，就是指欧洲贵族乘用的一种豪华马车。不仅装饰讲究，而且是封闭式的，可防风、雨和灰尘，并提高了安全度。18世纪这种车传到美国后，也只有纽约、费城等少数大城市中的富人才有资格享用。1908 年福特推出 T 型车时，车身由原来的敞开式改为封闭式，其舒适性、安全性都有很大提高。福特将他的"封闭式汽车"（Closedcar）称为 Sedan。著名的福特 T 型车是马车型汽车的佼佼者。

二、箱型汽车

美国福特汽车公司在 1915 年生产出一种不同于马车型的汽车，其外形特点很像一只大箱子，并装有门和窗，人们称这类车为"箱型汽车"。因这类车的造型酷似欧洲贵妇人用于结伴出游和其他一些场合的人抬"轿子"式轻便座椅，所以它在商品目录中被命名为"轿车"。

三、甲壳虫型汽车

1934 年，流体力学研究中心的雷依教授，采用模型汽车在风洞中试验的方法测量了各种车身的空气阻力，这是具有历史意义的试验。1934 年，美国的克莱斯勒公司首先采用了流线型的车身外形设计。1937 年，德国设计天才费尔南德·保时捷开始设计类似甲壳虫外形的汽车。甲壳虫不但能在地上爬行，也能在空中飞行，其形体阻力很小。保时捷博士最大限度地发挥了甲壳虫外形的长处，使"大众"汽车成为当时流线型汽车的代表作。从 20 世纪 30 年代流线型汽车开始普及，到 40 年代末的 20 年间，是甲壳虫型汽车的"黄金时代"。

四、船型汽车

1945 年，福特汽车公司重点进行新车型的开发，经过几年的努力，终于在 1949 年推出了具有历史意义的新型 V8 型福特汽车。因为这种汽车的车身造型颇像一只小船，所以人们称它为"船型汽车"。福特 V8 型汽车的成功之处不仅仅在于它在外形设计上有所突破，而且它还首先将人体工程学的理论引入汽车的整体设计上，取得了令人较为满意的结果。所谓人体工程学，就是用科学的方法解析的形体和能力，设计与之相吻合的机械与器具。船型汽车不论从外形上还是从性能上来看都优于甲壳虫型汽车，并且还较好地解决了甲壳虫型汽车对横风不稳定的问题。现在，福特公司的那种具有行李箱的四门四窗的轿车，已被全世界确认为轿车的标准形式。

五、鱼型汽车

为了克服船型汽车的尾部过分向后伸出，在汽车高速行驶时会产生较强的空气涡流作用这一缺陷，人们又开发出像鱼的脊背的鱼型汽车。1952 年，美国通用汽车公司的别克牌轿车开创了鱼型汽车的时代。如果仅仅从汽车背部形状来看，鱼型汽车和甲壳虫型汽车是很相似的。但如果仔细观察，会发现鱼型汽车的背部和地面所成的角度比较小，尾部较长，围绕车身的气流也就较为平顺些，所以涡流阻力也相对较小。另一方面，鱼型汽车是由船型汽车演变而来的，所以基本上保留了船型汽车的长处，诸如车室宽大，视野开阔，车身侧面的形状阻力较小，造型更具有动感，乘坐舒适等，这些都远远地超过了甲壳虫型汽车的性能。另外，鱼型汽车还特别地增大了行李舱的容积，所以更适合于家庭外出旅行等使用。正因为如此，鱼型汽车才得以迅速地发展。但同时也存在着一些致命的弱点：一是由于鱼型车的后窗玻璃倾斜得过于厉害，致使玻璃的表面积增大了 1~2 倍，强度有所下降，产生了结构上的缺陷；二是当汽车高速行驶时汽车的升力较大。

鉴于鱼型汽车的缺点，设计师在鱼型汽车的尾部安上了一个上翘的"鸭尾巴"以此来克服一部分空气的升力，这便是"鱼型鸭尾式"车型。

六、楔形汽车

"鱼型鸭尾式"车型虽然部分地克服了汽车高速行驶时空气的升力，但却未从根本上解决鱼型汽车的升力问题。在经过大量地探求和试验后，设计师最终找到了一种新车型——楔形。这种车型就是将车身整体向前下方倾斜，车身后部像刀切一样平直，这种造型能有效地克服升力。

第一次按楔形设计的汽车是 1963 年的司蒂倍克·阿本提设计的，这辆汽车在汽车外形设计专家中得到了极高的评价。1968 年，通用公司的奥兹莫比尔·托罗纳多改进和发展了楔形汽车，1968 年又为凯迪拉克高级轿车埃尔多所采用。楔形造型主要在赛车上得到广泛应用。因为赛车首先考虑流体力学（空气动力学）等问题对汽车的影响，车身可以完全按楔形制造，而把乘坐的舒适性作为次要问题考虑。如 20 世纪 80 年代的意大利法拉利跑车，就是典型的楔形造型。楔形造型对于目前所考虑的高速汽车来说，无论是从其造型的简练、动感方面，还是从其对空气动力学的体现方面，都比较符合现代人的主观要求，具有极强的现代气息，给人以美好的享受和速度的快捷感。日本丰田汽车有限公司的 MR2 型中置发动机跑车（尾部装有挠流板），可以称之为楔形汽车中的代表车。

汽车造型的发展是更好地将空气动力学设计方案与乘坐舒适性恰当地予以结合，在充分考虑到以上两个关键问题的基础上，努力开发人体工程学领域的新技术，以设计、制造出更完美、更优秀的汽车为目标的。总有一天，汽车驾驶室会形成带有优美曲线的"玻璃罩"。与之交相辉映的是具有几何形态的车体，透着浑圆和流线风格。那时，汽车色彩的喷涂将在鲜艳中体现出柔和感和透明感，因而会格外赏心悦目。

汽车根据用途可以分为哪几类？

汽车是指有自身装备的动力装置驱动，一般具有四个或四个以上车轮，不依靠轨道或架线而在陆地行驶的车辆。汽车通常被用作载运客、货和牵引客、货挂车，也有为完成特定运输任务或作业任务而将其改装或经装配了专用设备成为专用车辆，但不包括专供农业使用的机械。全挂车和半挂车并无自带动力装置，他们与牵引汽车组成汽车列车时才属于汽车范畴。

那么，汽车按照用途分为哪几类呢？

1. 载货汽车：主要用于运送货物，有的也可牵引全挂车的汽车。根据最大总质量不同，可分为微型货车（1.8 吨以下），轻型货车（1.8～6 吨），中型货车（6～14 吨），重型货车（14 吨以上）。

2. 自卸汽车：以运送货物为主且有可倾卸货箱的汽车。适于坏路或无路地区行驶，多用于国防、林区和矿山。

3. 越野汽车：主要用于坏路或无路地区的全轮驱动的、具有高通过性的汽车。

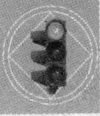

4. 轿车：用于载送人员及其随身物品且座位布置在两轴之间的四轮车辆。按发动机排量大小可分为微型汽车（1L 以下），普通级轿车（1~1.6L），中级轿车（1.6~2.5L），中高级轿车（2.5~4L），高级轿车（4L 以上）。

5. 客车：具有长方形车厢，主要用于载送人员及其随身行李物品的汽车。按用途不同可分为长途客车、团体客车、市内公共汽车和旅游客车等。

6. 牵引汽车及半挂牵引汽车：专门或主要用于牵引挂车或半挂车的汽车。根据牵引挂车的不同可分为半挂牵引汽车和全挂牵引汽车。

7. 专用汽车：装置有专用设备、具备专用功能，用于承担专门运输任务或专项作业的汽车，如消防车、救护车、油罐车、防弹车、工程车等。

世界最快汽车排名榜都有谁?

冠军:SSCUltimateAero 超级跑车以 273 英里/小时 (约 437km/h) 的最高速度高居榜首,相比之下,世界上速度最快的民航客机"协和"起飞时的速度仅为 360km/h。

亚军:萨林 S7 (416km/h) 此车年产 12 辆,极速 416km/h,0 至 100km/h 加速只需 2.8 秒,萨林 S7 的确令人拍案叫绝。

季军:布加迪 (407km/h) Veyron 于 2001 年开始正式投产,并决定限产不超过 300 辆,其动力规格为 1001 匹马力、极速每小时 407 公里 (等同于每秒穿越一个足球场)、扭矩 1250Nm/2200rpm、16 汽缸 4 涡轮增压发动机及全时四轮驱动,其 0 至 100km/h 加速只需 2.5 秒,唯一比 Veyron 加速度更快的是它的制动系统,由时速 100km ~ 0km 刹车仅需 2.3 秒。

第四名:KoenigseggCCR (388km/h)。

第五名:阿斯顿马丁 One - 77 (最高时速:360km/h) 百公里耗油:15.00L/100km;油箱容积:100L。超级跑车品牌阿斯顿马丁日前在巴黎车展展出了全新旗舰车型 One - 77,新车预计售价达 105 万英镑,引进国内的售价可能高达 4000 万 ~ 4500 万元左右,将有可能成为世界上最贵跑车,于 2009 年第四季度交付客户,只

限量生产 77 台。

第六名：法拉利 Enzo（350km/h）。

第七名：道奇 ViperSRT - 10（348km/h）。

第八名：帕加尼 Zonda（345km/h）。

第九名：兰博基尼 Reventon（340km/h）。这辆超级跑车全球仅有 20 辆，其中 10 辆将供应美国市场。名字源自于 1943 年杀死斗牛士 Felix Guzman 的一头蛮牛。这款超级跑车采用了大量减轻重量的设计以及碳纤维部件，车身采用了灰色的涂装和 F22 战斗机风格的仪表盘。气动性能也作了大幅改良，V12 发动机，最大功率提升至 650 马力（8000rpm），最大扭力峰值更是高达 660Nm（6000rpm）。

在 Reventon 车重仅 1665 公斤的情况下，Reventon 的 0 ~ 100km/h 加速只要 3.3 秒，极速则是轻松突破 340km/h。

第十名：奔驰 SLRMcLaren（334km/h）。

当然，许多高速量产型汽车完全可以和战斗歼击机比速度，排名第七名的道奇 ViperSRT - 10 在 800 米距离内的速度超过了 F - 16 歼击机。需要指出的是，此次登上高速汽车排行榜前 10 名的全是量产车。

很多车经过改装之后，性能得到更大的提升，比如加涡轮增压就可以使车子的动力超过比本车排量更大的动力，目前的汽车改装已经逐渐从比赛场普及到寻常百姓爱车族。

汽车给我们生活的环境带来了哪些污染？

汽车为人民提供了交通便利，但是传统的以石油为燃料的汽车也对环境造成了严重的污染。近年来，呼吸道疾病、癌症、头痛等发病率迅速增加，均与环境恶化有关。随着进入家庭的汽车增多，汽车排放的污染已成为城市大气污染的重要因素，越来越引起人们的广泛关注。减少汽车有害气体排放，营造绿色环保公共交通已经刻不容缓。

目前汽车的污染主要有以下几个方面：

（1）汽车噪声污染，主要指汽车在行驶过程中发生的噪声，它主要由发动机工作噪声和汽车行驶时振动和传动产生的噪声。目前评价和检测的方式主要有车外噪声和车内噪声两种，对于轻型汽车而言，一般要求小于85db（A）以避免噪声污染。

（2）汽车的排气污染，主要指从汽车发动机排气管排出的废气，根据汽车种类不同，其污染物的成分不同。汽车排气污染是汽车的主要污染源，也是汽车环保的一个最重要的项目。

（3）燃油蒸发污染，主要是针对汽油车的汽油蒸发，汽油是一种挥发性极强的物质，在挥发物中含有大量对人体有害的成分。所

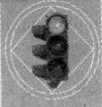

以在对汽车环保控制中，增加了对燃油蒸发物的控制项目。

（4）曲轴箱污染，指发动机曲轴箱内，从发动机活动塞环切口泄漏出来的未完全燃烧的可燃性气体，它含有一氧化碳等对人体有害的成分，因此要求不允许发动机曲轴箱内有废气排向大气环境。

除此之外，据调查，按照室内环境的检测标准，相当一部分新车内空气不合格，部分新车污染物严重超标。其中甲醛超标 2~3 倍，挥发性有机化合物超标 5~6 倍。污染源除了来自车内的原装材料，比如扶手油漆、皮套等；更多的是车内的装潢用品，比如地垫、化纤织物靠垫等。在这些污染严重的车厢里待久了，人很容易产生呼吸不畅、口干舌燥、胸闷头晕等症状，严重的还能导致再生障碍性贫血。尽管如此，车内环保问题并没有引起消费者、厂家和商家的足够重视。室内环境监测研究中心专家提醒大家：对新车一定要像新装修的房子一样，注意通风，通风是目前减少车内污染危害最有效的做法，一般新车要通风半年到一年。另外，切不可用香水掩盖车内的异味，那样会产生更多的有毒化合物。

在环境问题中，由温室气体排放引起的全球气候变暖问题越来越受到全球的高度重视。气候变暖已使全球自然灾害发生的频率和烈度不断增加，其中有 6 种气体与汽车有关，如二氧化碳、氮氧化物来自内燃机的燃烧，氯氟烃用车空调等。汽车尾气排放是城市大气污染的主要源头。由于汽车是低空排放，对低空大气环境污染和人体危害更大。